微观世界史
帝王篇

Ryoji Motomura,
ZOU JIMUSHO

Global Microhistory
The Monarchs

［日］本村凌二 监修
［日］造事务所 编著
吕卫清　范文 译

图书在版编目（CIP）数据

微观世界史. 帝王篇 / (日) 本村凌二监修；日本造事务所编著；吕卫清，范文译. -- 北京：中国书籍出版社，2024.1
ISBN 978-7-5068-9591-0

Ⅰ.①微… Ⅱ.①本… ②日… ③吕… ④范… Ⅲ.①世界史—通俗读物②帝王—列传—世界—通俗读物Ⅳ.①K109②K817-49

中国国家版本馆CIP数据核字(2023)第184447号

著作版权登记号/图字01-2023-4334

30 NO "OU" KARA YOMU SEKAISHI written by Ryoji Motomura,ZOU JIMUSHO.
Copyright © 2018 by Ryoji Motomura,ZOU JIMUSHO.All rights reserved.
OriginaIIy published in Japan by Nikkei Publishing,Inc.(renamed Nikkei Business Publications，Inc.from April 1,2020)
Simplified Chinese translation rights arranged with Nikkei Business Publications, Inc.through Hanhe International(HK)Co.,Ltd.

微观世界史·帝王篇

[日] 本村凌二 监修　　[日] 造事务所 编著　　吕卫清 范 文 译

图书策划	成晓春　尹 浩
责任编辑	尹 浩
责任印制	孙马飞　马 芝
封面设计	李润水
出版发行	中国书籍出版社
地　　址	北京市丰台区三路居路 97 号（邮编：100073）
电　　话	（010）52257143（总编室）　（010）52257140（发行部）
电子邮箱	eo@chinabp.com.cn
经　　销	全国新华书店
印　　刷	三河市富华印刷包装有限公司
开　　本	889毫米×1194毫米　1/32
字　　数	180千字
印　　张	7.375
版　　次	2024 年 1 月第 1 版
印　　次	2024 年 1 月第 1 次印刷
书　　号	ISBN 978-7-5068-9591-0
定　　价	48.00元

版权所有　翻印必究

前言 Preface

黑格尔曾经语重心长地指出："经验和历史告诉我们，民众和政府从来没有从历史中学到什么，也完全没有依照从历史中汲取到的教训行事。"（《历史哲学讲演录》）这段话实在振聋发聩！从中我们可以知道，作为集体的人类没有从历史中学到过什么。那么，我想反问一句，作为个体的人，我们会汲取历史的教训吗？尤其是容易对历史敬而远之的年轻人会关注历史吗？这是一个发人深思的问题。

常话说历史没有"如果"，但其实并不尽然。例如，下面这些疑问就不能作为愚蠢的问题一带而过。

如果没有亚历山大大帝，能够建立古希腊世界吗？如果没有君士坦丁大帝，基督教一神教文明能够广泛传播并落地生根吗？如果没有康熙大帝，满汉融合的文化土壤能够建立起来吗？如果没有彼得大帝，俄罗斯能够真正走上现代化之路吗？

这些疑问绝对不是愚蠢的提问。

然而，19世纪之后，情况发生了些许变化。

如果没有维多利亚女王，英国还能够成为被冠以"大英帝国"称号的大国吗？如果没有尼古拉二世，还会发生把民众都卷进去了的俄国革命吗？

问这些问题真是愚蠢至极。

为什么会产生这种差异呢?

从大局来看,这是君主专制与君主立宪制的区别。就前者而言,没有任何法律对君主行使权力进行约束,君主的个人意志就是国家意志,可以通行无阻。其典型的登峰造极之例就是路易十四所说的"朕即国家"。相反,后者的情况是,君主在行使权力时依法受到一定的制约,即使贵为君主,也不能任凭个人意志为所欲为。维多利亚女王时代的大英帝国正是"君临但不统治"的典范。

当然,现实情况不能简单地一分为二了之,具体的历史无疑是由各种各样的当权者和势力激烈交锋而铸成的。国王也是人,所以也会有性格上的缺陷,给人提供乘虚而入的机会,相反也有一些国王讳疾忌医。

黑格尔曾断言,"民众和政府"没有从历史中学到任何东西。作为集体,人类确实没有发挥想象的余地,但是作为个体,我们可以天马行空地展开想象,这种想象力或许可以作为一种心灵游戏来提高我们的学习能力。

因此,与黑格尔的警告不同,作为个体,我们可以向历史学习。尤其是通过作为最高权力者的帝王的传记,我们可以从中汲取一些教训。即使没有这么冠冕堂皇的理由,我们通过阅读世界历史中 30 位帝王的小传也可以享受到读书的快乐,同时还可以提高自身修养。如果能够在此基础上进一步深入思考这些引人入胜的帝王传记,这种修养就会植根于您的内心。

本村凌二

目录 Contents

汉谟拉比王	用正义化复仇之干戈为玉帛	/ 001
拉美西斯二世	最早签订和平条约的"建筑大王"	/ 007
大流士一世	中央集权和宽容的文化	/ 016
亚历山大大帝	长江后浪推前浪的英雄	/ 023
秦始皇	祈求永远的第一个皇帝	/ 032
奥古斯都	携友偕妻打造罗马和平	/ 041
图拉真皇帝	出身于行省却打造了帝国最大版图	/ 049
君士坦丁大帝	扭转乾坤,正式承认基督教并向东迁都	/ 057
查士丁尼大帝	为结婚而变法,为后世而留法	/ 063
唐太宗	善于纳谏的天下共主	/ 069
查理大帝	重视教会和学校的"欧洲之父"	/ 077
哈伦·拉希德	将东西方连接起来的"行正道者"	/ 083
阿尔弗雷德大帝	击退维京海盗、知书达理的豪杰	/ 088
奥托大帝	利用并振兴教会组织的帝国	/ 094
亨利二世	通过继承和联姻得到广袤领土	/ 099

腓特烈二世	两次被逐出教门的"王座上的第一个近代人" / 105
元世祖忽必烈	打造了史上最大版图的游牧民皇帝 / 112
永乐帝	建立华夷秩序 重新构建中国 / 120
苏莱曼一世	对异教徒宽容有加 鼎盛时期的奥斯曼土耳其帝国 / 127
腓力二世	用信仰驾驭的"日不落帝国" / 135
伊丽莎白一世	嫁给了大英帝国的"童贞女王" / 142
阿克巴大帝	改革和融合带来的和平 / 152
路易十四	痴迷于战争和宫殿的"太阳王" / 160
康熙帝	实现了经济改革和领土扩张的"圣祖" / 169
彼得大帝	考察西欧 致力于实现现代化 / 176
玛丽亚·特雷西娅	借助政治联姻提高影响力的名门之母 / 183
拿破仑一世	亲率国民军队出征的"查理再世" / 190
威廉一世	即位并非本意却统一了德意志 / 199
维多利亚女王	"欧洲祖母"引领着属于英国的世纪 / 207
尼古拉二世	被时代洪流裹挟的悲惨君主 / 215

主要参考文献 / 222

微观世界史
帝王篇

汉谟拉比王
用正义化复仇之干戈为玉帛

　　以"以眼还眼，以牙还牙"而闻名于世的《汉谟拉比法典》，编纂者是兴起于古代美索不达米亚的古巴比伦王国（巴比伦第一王朝）国王汉谟拉比。

　　古巴比伦王国四周强大城邦林立，是汉谟拉比带领其走向复兴并实现了美索不达米亚的统一。在编纂法典之前，汉谟拉比的所作所为中已经隐藏着他的一些雄心壮志。他为什么制定了《汉谟拉比法典》呢？一旦解开了他在法典成立之前的雄心壮志，就可以看清楚他的面貌，而这些在教科书中是看不到的。

　　　　＜生卒＞ 不详
　　　　＜在位＞ 公元前1792年—公元前1750年
　　　　　　　　古巴比伦王国

"两河流域"之兴亡

请大家回想一下世界史的课堂，我们从现在伊拉克等西南亚国家的古代史开始讲起。大家都在教科书上看到过一幅刻有两个人及文字的细长石碑的照片吧，这就是古代征服了该地区的汉谟拉比王编纂的《汉谟拉比法典》。这块石碑1901年由法国考古学家发现，现收藏于巴黎卢浮宫博物馆。

汉谟拉比王统治的这片地区因底格里斯河和幼发拉底河流经而被称为美索不达米亚，意为"两河之间的土地"。该地区年均降雨量极少，无法开展依赖雨水的农耕，需要使用灌溉设施从河流引水。随着主导灌溉的强权者的出现，各地相继建立了中央集权的城邦。

苏美尔人于公元前3000年左右首先建立了城邦，公元前2000年左右，游牧民族阿摩利人入侵乌尔第三王朝，并消灭了苏美尔人建立的国家。其后，伊辛、拉尔萨等阿摩利人的国家相继崛起。公元前1890年左右，以美索不达米亚南部的巴比伦为首都的古巴比伦王国（巴比伦第一王朝）兴起，但与其周边国家相比，它还是一个弱小的国家。

此外，与其名称雷同，容易被混为一谈的新巴比伦王国是古巴比伦王国灭亡大约1000年之后，同样以巴比伦为首都兴起的另外一个王国，犹太人被强制移民到巴比伦的"巴比伦之囚"是发生在新巴比伦王国时代的故事。

大力发展公共事业，统一美索不达米亚

汉谟拉比王即位时，古巴比伦王国处于统治着美索不达米

亚北部的亚述宗主权下，四周拉尔萨、埃什南纳、马里等城邦林立。不过，汉谟拉比王亲政18年左右时，亚述王驾崩，从其政治影响下解放出来的汉谟拉比王用了大约10年的时间勤抓内政，大力兴建、修复神庙及城墙，完善灌溉设施及运河等。

灌溉设施及运河的维护管理有利于提高农业生产力及运输能力等，汉谟拉比王认为，这是掌管民生的国王之职责所在。因此，他致力于完善通往波斯湾的大运河网。

他之所以能够大力发展内政是因为与周边国家建立了友好关系。但是，在他亲政29年左右时，周边的国家埃兰进攻了埃什南纳，紧接着将矛头对准了古巴比伦王国。以此为契机，汉谟拉比王开始了对外征伐。

他在国内发布总动员令，把通常不当作征兵对象的商人也编入军队，相继征服了埃兰、埃什南纳、拉尔萨等。在亲政晚

苏美尔人石刻

期，他几乎将整个美索不达米亚地区纳入自己的统治之下。

"以眼还眼"包含的真意

《汉谟拉比法典》是汉谟拉比王统一美索不达米亚之后编纂的，流传至今的法典碑刻有从结婚到农业、遗产继承、刑罚等与人民生活密切相关的282条条文。它不是具有法律约束力的法规，而是对判例进行了汇总的指南书之类的东西。

从前，人们以为《汉谟拉比法典》是世界上最古老的法典，然而，后来又发现了乌尔第三王朝第一代国王的《乌尔纳姆法典》、伊辛第五代国王的《李必特·伊丝达法典》、埃什南纳国王的《埃什南纳法典》这些更古老的法典，所以现在人们认为《汉谟拉比法典》是第四古老的法典。《汉谟拉比法典》虽然失去了世界最古老法典的宝座，但汉谟拉比王继承了前三部法典的精华，集其大成，金声玉振，具有极高的历史价值。

"以眼还眼，以牙还牙"这句名言体现了同态复仇法的原则，这是《汉谟拉比法典》的特色。"挖去别人眼睛的人也要被挖出眼睛"等，意指加害人将受到与自己施加给受害人的伤害同等程度的处罚。

当时，如果受到了某人的伤害，其复仇有时会超越当事人发展成家庭、部族之间的矛盾。汉谟拉比王的目的在于，化解这种复仇大战之干戈，让纠纷在当事人之间得到解决。

不过，虽说是同态，但其刑罚因当事人的身份不同而不同。汉谟拉比王时代的社会由自由人和奴隶构成，其中，自由人又分为上层自由人和下层（普通）自由人。"打掉下层自由人的牙齿要赔偿1米纳白银。""挖出奴隶眼睛或是打断奴隶骨头要赔偿 1/2 米纳白银。"从这些规定中可以看出，受害人的身份越低，加害人的罪就越轻。

践行正义，保护弱者

汉谟拉比王为什么编纂了法典呢？法典的序言中记载着其意图："在国土上彰显正义。"正义是指保护寡妇、幼女等社会弱者，以免其受到社会地位更高者的蹂躏。为了保护弱者，为了大家的幸福，它要求国民遵纪守法，明辨是非。

在美索不达米亚，正义这个词早在乌尔第三王朝之前就已经在文献中出现过，乌尔第三王朝时代将维护社会正义作为国王之职责。这种正义意识被写进了《乌尔纳姆法典》，并被《汉谟拉比法典》发扬光大。汉谟拉比王在效法前例的同时，为了履行国王的职责而亲自制定了法典。

汉谟拉比王不仅单方面地要求国民遵纪守法、明辨是非，他自己也践行正义。他认真倾听其统治下的百姓，尤其是农民、牧民、工匠等弱势群体的呼声，并责令部下为他们排忧解难。

法典还写到受诸神之授权彰显正义。与法典碑并列雕刻着美索不达米亚的太阳神沙玛什向汉谟拉比王授予象征王权的棒和绳的情景。棒和绳指的是用于测量神庙及耕地等的工具，是国王作为建设者的象征。

在美索不达米亚，自古以来人们就认为王权是由诸神授予用来保护大家的利益的，从法典碑也可以看出国王雄心勃勃地想履行诸神授予自己的使命。

国灭法典在

法典碑还写着,守卫国家、确保农作物丰收也是国王的职责,这也是从《乌尔纳姆法典》继承来的规定。作为国王,汉谟拉比王还履行了为保护国家而英勇奋战,以及大规模修建灌溉工程、神庙等职责。

汉谟拉比王死后,古巴比伦王国因内忧外患而逐渐衰弱,第十一代国王时,被兴起于现在土耳其的赫梯王国消灭。

然而,国家虽然灭亡了,《汉谟拉比法典》却依然保持着旺盛的生命力。它被抄写了1000多年,留下了众多抄本,由此可见,各个时代都把它奉为圭臬。作为法学家的研究对象,它对后世的法典编纂产生了深远影响。

为了完成国王的职责,汉谟拉比王开疆扩土,让人民过上了富裕的生活,让公平正义回归了社会。其王国虽然灭亡了,斗转星移,汉谟拉比王的思想却超越了国家与时代彪炳千古。

微观世界史
帝王篇

拉美西斯二世
最早签订和平条约的"建筑大王"

如果说有位古埃及的法老手持护照登上了飞机，你会相信吗？生活在公元前13世纪的拉美西斯二世于20世纪由埃及穿过云层飞到了法国巴黎。

拉美西斯二世签订了世界上最早的和平条约，给国家带来了和平，他在埃及各地建造的巨型建筑对《旧约圣经》及现在的世界遗产产生了巨大影响。下面，让我们追寻着这位法老的足迹来看看其丰功伟绩是如何昭焕今古的。

<生卒> 不详——公元前1212年
<在位> 公元前1279年——公元前1212年
埃及新王国（第十九王朝）

"长生不死"的法老

说起古埃及的法老（王），很多人会想起图坦卡蒙吧。这位少年国王政绩乏善可陈，年纪轻轻就命丧黄泉了。其墓从未被盗，众多的陪葬品现收藏于埃及考古博物馆内。几乎与其同时代，有位法老无论功绩，还是名声都远胜图塔卡蒙。他就是君临王位67年，被誉为埃及历史上最伟大的法老的拉美西斯二世。

这位大法老的墓里随葬了大量金银财宝，所以死后不久就被盗墓贼盯上了。于是，他原来的手下们把他的木乃伊东躲西藏地藏在了其他法老的墓里。

从下面这则逸闻中，我们可以看出人们多么地爱戴拉美西斯二世。据说，1881年，一艘船装着刚发现的他的木乃伊行经尼罗河时，两岸的农妇一边呼喊着，一边追着船跑，男人们则开枪表示哀悼之意。

1976年，为了对木乃伊进行修复，人们将其空运至巴黎时，不是作为货物，而是作为一位乘客给予礼待，埃及政府给他颁发了护照，职业栏中写着"法老"。抵达巴黎机场之后，他受到了法国总统仪仗队的隆重欢迎。

如今，开罗市内有以拉美西斯二世冠名的拉美西斯火车站，还有拉美西斯广场、拉美西斯大道。人们使用的埃及镑纸币上也画着拉美西斯二世的像。离开开罗，遍访埃及各地的名胜古迹，大多数情况下都能遇见拉美西斯二世的足迹。

尼罗河的定期涨水、泛滥给埃及带来了肥沃的土地，对农业非常有利。公元前3000年左右，"神的化身"法老就开始统治这片地区，这标志着在美索不达米亚之前就出现了统一国家。

之后，至公元前 30 年被纳入罗马共和政体统治之下为止的大约 3000 年之间，古埃及前后分为古王国（第三至第六王朝）、中王国（第十一、十二王朝）、新王国（第十三至第二十王朝）3 个时期。古王国时代，首都设在孟菲斯，修建了众多的金字塔。中王国时代，以首都底比斯为中心，集权化不断巩固，后来被由亚洲入侵而来的游牧民族喜克索人夺取了王权。

叙利亚之争

经历了喜克索人的屈辱统治之后，新王国时代的法老开始大力扩张领土，图特摩斯三世时，版图达到最大。阿蒙霍特普四世时，古埃及掀起了一场由以往的多神教转向仅信仰太阳神阿吞神的运动。

这种转向一神教的变革被称为阿玛尔纳革命，这场革命导致全国的神庙荒废，同时期内还失去了叙利亚的领土。

阿蒙霍特普四世死后，图坦卡蒙夭折，拉美西斯二世的祖父拉美西斯一世登基，后来其父塞提一世即位。塞提一世收复了失去的领土，修复并重振了荒废的神庙，挽回了阿玛尔纳革命时代的损失。只要有机会，他就抱着幼小的儿子站在民众的面前说："一定要让这个孩子当上法老！"

继承了祖父之名的拉美西斯二世是一个英武豪迈的王子，这一点非常像其祖父。其兄早逝，所以从幼年时起，他就作为王位继承人跟随父亲学习法老的职责及治国理政之道。他 10 岁出任军队司令，10 多岁就随父远征叙利亚。为了协助父亲搞建设，他还担任过采石场的监工。他年纪轻轻就满腹经纶，即位时年仅 25 岁。

拉美西斯二世亲政之初，叙利亚局势出现了动荡。图特摩斯三世时，叙利亚还是埃及的领土。至阿蒙霍特普四世及图坦卡蒙时代，赫梯王国在安纳托利亚半岛势力日增，作为赫梯和埃及的缓冲地带，叙利亚有时归赫梯，有时归埃及，归属不稳定。

拉美西斯二世亲政 4 年时发动了远征，赫梯属国阿姆鲁（现叙利亚西部）倒戈埃及，埃及获得了阿姆鲁的统治权，因此开启了与穆瓦塔里率领的赫梯军队之间的战争。

这场两国交战中值得大书特书的是卡迭石战役。拉美西斯二世亲政 5 年的夏天，因为与赫梯军队交战，他渡过流经现叙利亚、土耳其等国的奥伦提斯河，扎营在河畔城市卡迭石附近。埃及军队被赫梯军队的间谍蒙蔽，遭到突袭，但拉美西斯二世仅派出小股兵力进行反击就使赫梯军队陷入混乱之中。拉美西斯二世几乎是孤胆深入敌营挽救了困局，这个故事作为荣耀证明刻在了各地的神庙里。

两国冲突持续了 15 年左右。因为双方都受到了不同外敌的威胁，在穆瓦塔里的继承人哈图西里三世的提议下，双方签订了历史上最早的和平条约，条约中规定了互不侵犯、互相援助等内容。

埃及考古学家吉村作治指出，卡迭石战役令人瞩目的不是胜败，而是两国签订了和平条约，实现了和平。

挚爱的妻子和 100 个孩子

和平条约签订之后，埃及和赫梯之间迎来了近半个世纪的和平年代。两个王室之间经常有书信及礼物等往来，为了进一步加强两者之间的关系，赫梯的哈图西里三世把长女嫁给了拉美西斯二世。

拉美西斯二世看到抬进来的赫梯公主的嫁妆，死乞白赖地说："我一穷二白，还想再要一点儿。"赫梯人因此很生气。双方虽然出现了一些矛盾，但赫梯公主还是作为两国的纽带嫁到了埃及。后来，哈图西里三世的另外一个女儿也从赫梯嫁了过来。

除了赫梯公主之外，拉美西斯二世还有正妃，他大约娶了8个妻子。据说他从青春期开始就拥有了后宫，有几十个侧室。进入老年之后，他又娶了赫梯、叙利亚、巴比伦等国家的王室之女，其后宫充满了浓郁的国际化色彩。他和正妃及侧室生了100多个孩子，他无视传统，也不管身份高低，让人把这些妻子及孩子的样子都刻在了神庙的浮雕上。

众多妃子之中，他最宠爱的是第一王妃奈菲尔塔利。拉美西斯二世建造的建筑随处可见奈菲尔塔利的肖像，在世界遗产阿布辛贝神庙有一尊她的雕像和拉美西斯二世的同样大小、并列而立。王妃50岁左右去世后，拉美西斯二世在埋葬法老之妻的"王妃谷"为她建造了坟墓，里面现在依然保存着很多精美的壁画。

拉美西斯二世不仅子嗣众多，其本人就当时而言算是长寿，所以他指定为继承人的10多个儿子都先他而逝。

留下了众多神庙的"建筑大王"

拉美西斯二世的统治大致可以分为两个时期，一个是与赫梯签订和平条约之前的战争期,另一个是从签约之后到其驾崩之前的建筑期。他修建了众多的建筑,因此又被称为"建筑大王"。

他兴建的建筑中最著名的是位于埃及与苏丹边境附近的世界遗产阿布辛贝神庙。该地区名为努比亚,盛产黄金及象牙等,所以一直深受重视。拉美西斯二世修建了7座神庙,其中尤为闻名遐迩的就是阿布辛贝神庙。

神庙正面有4尊高约20米的拉美西斯二世的坐像,进入石窟之后是一个大列柱厅,左右并排而立着拉美西斯二世像,墙面上画的是卡迭石战役等场景。最里面的房间圣德堂里立着除了拉美西斯二世之外的3尊神像,每年春分和秋分时,朝阳就会照进来,设计得非常巧妙。其目的在于为法老歌功颂德、祭祀埃及的守护神,同时祈祷尼罗河河水上涨。

阿布辛贝神庙

19世纪,湮没于尘沙之下的阿布辛贝神庙重见天日。20世纪中叶,因为修建阿斯旺大坝,神庙面临着被水淹没的危险,联合国教科文组织开展了拯救工作。神庙被切割之后迁移到了高处,现在已经成了闻名世界的旅游胜地。以这次拯救工作为契机,人们创立了世界遗产名录,旨在让历

卡纳克神庙

史性的建筑等流芳后世。

　　取自拉美西斯二世之名的拉美西斯宫也是一座令人瞩目的建筑。它位于自中王国时代以来就无比繁荣的底比斯城的西岸，别名为拉美西斯二世的殡城。其作用在于纪念法老的丰功伟绩等。这座神庙既用于殡葬，也用于祭祀。同时，它还建有相当于今天的大学的设施，神学院的学生们在这里刻苦钻研，医生及文书等在此接受职业培训，还有人在这里编纂百科事典，俨然一个创新基地。此外，它还具有农业用地及红酒产地中央管理局的色彩，收集领地的账簿，生产红酒。

　　拉美西斯二世还对新王国时代的法老不断扩建的卡纳克神庙、卢克索神庙进行了修缮，完成了自其父塞提一世开始修建的殡城，并在其附近修建了自己的神庙。拉美西斯二世不仅在自己修建的建筑上签下了自己的名字，还命人把其他法老修建的建筑也换成了自己的名字。

巨型建筑的含义

这些雄伟而庄严的巨型建筑影响深远，成为了后世埃及神庙的形式典范。这些巨大工程的背后离不开当时移居到埃及的犹太人的辛勤劳动。《旧约圣经·出埃及记》写的就是苦难深重的犹太人在预言家摩西的带领下逃出埃及的故事。有一种说法认为，《出埃及记》里的法老就是拉美西斯二世。

那么，法老为什么热衷于建造这些巨型建筑呢？我们轻而易举地就可以想象到，其目的在于利用建筑物强大的压迫感为法老歌功颂德，让人们认识到法老是神的化身，是超人般的存在。拉美西斯二世时代进一步强化了"王即神"这种思想，法老本身及其塑像在其生前就受到膜拜，显示着至高无上的权力。

重视修建神庙，其背后似乎也有出于国计民生的考虑。在埃及的祭祀活动中，他们认为，法老通过供奉仪式等与诸神进行交流，作为答谢，诸神给国家带来胜利及繁荣。因此，拉美西斯二世在每天的祭祀活动中都兢兢业业地清扫神像、准备供品等，希望以此取悦诸神，从而使老百姓可以安居乐业。

公元前 1212 年左右，拉美西斯二世驾崩，工匠用了 70 天将其遗体制成木乃伊，我们现在可以在埃及考古博物馆里看到其以鹰钩鼻为特征的木乃伊。打了绷带之后，木乃伊的鼻子通常会变得扁平，而制作木乃伊的工匠在拉美西斯二世的鼻子里塞满了干胡椒粒，所以他的鼻子现在依然保持着原来的形状。

拉美西斯二世驾崩之后，第 13 个王子继承了王位。其后继位的法老都沿用了拉美西斯的名字，这种习惯一直延续到拉美西斯十一世。后来的法老们在位时间都很短，国内发生了饥荒，官僚贪污腐败，外敌又虎视眈眈，埃及危机重重，国力不断衰弱。公元前7世纪，卷土重来的亚述人占领了埃及。公元前6世纪中叶，埃及落入了由东方入侵而来的波斯阿契美尼德王朝的统治之下。

无论是领土大小，还是建筑的规模、统治时的繁荣，后来的埃及都无法与拉美西斯二世时代相提并论。

拉美西斯二世这位法老创造了古埃及最后的辉煌巅峰，至今仍深受爱戴。

微观世界史
帝王篇

大流士一世
中央集权和宽容的文化

拉美西斯二世死后，自汉谟拉比王时代起就一直活动于美索不达米亚的国家亚述统治了埃及，但公元前7世纪前半叶统一东方之后便迅速分崩离析了。

波斯阿契美尼德王朝的大流士一世效仿亚述巩固了中央集权制，将大帝国治理得井井有条。大流士一世从已经灭亡的亚述汲取了哪些教训呢？这些制度对后来的大帝国产生了哪些影响呢？

<生卒> 不详
<在位> 公元前522年—公元前486年
波斯阿契美尼德王朝

"国父"的伟业和威严

波斯阿契美尼德王朝于公元前6世纪兴起于现在的伊朗地区,始于现代伊朗人尊称为"国父"的居鲁士大帝。自古以来,希腊人称这片地区为帕尔撒,波斯由此得名。在公元前6世纪中叶之前,它处于米底王国的统治下。

波斯是从西洋的视角对现在伊朗地区的称呼,现在的国名伊朗则是伊朗人的自称。伊朗人将流经现乌兹别克斯坦及阿富汗等国的阿姆河以西地区自称为伊意拉恩,意为文明世界。20世纪,当地人民族主义情绪高涨,受其影响,1935年将国名从波斯改为伊朗。

居鲁士二世是米底国王之孙、波斯领主之子。他继承父志当上了波斯王并起兵反叛米底,公元前550年消灭米底之后又相继攻陷了位于现土耳其东部的米底的盟国吕底亚及新巴比伦等。

帝国奠基人居鲁士二世不仅活跃于军事领域,消灭新巴比伦之后,他还解放了处于水深火热中的巴比伦之囚犹太人,《旧约圣经》因此将其誉为"救世主"。

顺便提一句,16世纪的政治思想家马基雅维利在其著作《君主论》中将居鲁士二世描绘成一位卓越的君主,这位名君在各个时代都深受好评。

后来,居鲁士二世之子、第二代国王冈比西斯二世将埃及也纳入了本国版图,波斯阿契美尼德王朝终于统一了东方。

雕刻在摩崖上的王位争夺战之谜

生于官宦之家的大流士是居鲁士二世的亲信。冈比西斯二世死后，成了王弟的祭司高墨达自称是居鲁士二世的嫡子夺取了政权，包括大流士在内的7位贵族联手杀死了高墨达。拨乱反正之后，7人之中的大流士作为第三代国王登基。后来，帝国各地自立为王者络绎不绝，叛乱纷起。历经19场战役，大流士一世打败了这些叛军之王，稳固了王权。

这场王位争夺战因希腊历史学家希罗多德的《历史》及大流士一世命人雕刻的贝希斯敦铭文而流传至今。

贝希斯敦铭文是雕刻在现伊朗西部陡峭山崖上的摩崖碑，目的在于纪念与叛王之战取得了胜利。碑上描绘着大流士一世将高墨达踩在脚下，9个发动叛乱的叛王被拖到他面前的场景。图像四周用古波斯语、阿卡德语、埃兰语3种语言刻着国王镇压动乱等丰功伟绩，大力宣扬其王位的正统性。

高墨达是否真有其人令人置疑，也有人认为他真的是冈比西斯二世之弟，总之众说纷纭。近来比较令人信服的说法是，大流士一世才是篡权者，为了洗白自己，他捏造了高墨达的故事。没有证据可以证明大流士一世有王室血统，他通过与居鲁士二世之女联姻与各代先王攀上了关系，于是便以拥有王室血统、阿契美尼德家里的人自居。

建立中央集权制，实现帝国统一

结束了王位争夺战的大流士一世镇压了游牧民族萨卡人在现哈萨克斯坦等中亚地区发动的起义，然后直抵印度峡谷镇压了小亚细亚及埃及等地的起义。

大流士一世在黑海北部与骑马游牧民族斯基泰人陷入了鏖战，这场远征掀开了出兵希腊的大幕，小亚细亚沿岸的岛屿也纷纷落入其囊中。后来，他还胜利占领了印度河流域至爱琴海、中亚至波斯湾的辽阔地区。

大流士一世统治时期尤其值得大书特书的是建立了中央集权制，巩固了居鲁士二世奠定的帝国。

他将帝国分为约20个行省，令作为各行省长官的总督负责征税。总督可以按照当地的传统及文化自由治理，但被称为"国王之眼""国王之耳"的御史会巡视各行省，将总督的一举一动及该行省的情况向国王汇报。

为了信息的快速传递，大流士一世修建了一条从行政首都苏撒到小亚细亚西部城市萨第斯的干道，这条道路全长约2500公里，被称为御道。其沿途设有111个驿站，采取驿传制，由马或人通过接力的方式往来穿梭于驿站之间。这条大路在通信、军队调动及维护国内治安等方面发挥了重要作用。

大流士一世还将货币经济引进了帝国。从前，中东交易不使用铸币，而是使用白银结算，大流士一世发行了金币、银币作为帝国通用货币。刻有大流士一世肖像的金币成了将国王形象广泛传播到帝国各地的有利手段。

通过这一系列举措，大流士一世充分发挥了中央集权制的作用，在多民族共生的辽阔疆域上建立了行省制度及信息传递网络等，实现了全国"一盘棋"。在实现中央集权的各项制度中，行省制度是从亚述、御道及驿站等是从乌尔第三王朝沿袭而来的做法，也就是说，他积极把自己统治地区的传统借鉴过来为己所用。

波斯阿契美尼德王朝灭亡后，行省制度后来被罗马帝国的行省制、御道也被罗马帝国内的长途公路网发扬光大。

用宽容的文化治理国家

亚述先于波斯阿契美尼德王朝引进了行省制度，最终却没有建立起中央集权国家。亚述和波斯阿契美尼德王朝的区别在哪里呢？希罗多德在《历史》中说出了答案："世界上任何民族都不如波斯人善于吸收外国习俗。"

亚述是一个强权国家，采取的是强制移民等高压政策，而波斯对帝国各地在文化及宗教等方面的差异非常宽容。为了顺利统治各种不同文化并存的帝国，大流士一世海纳百川地接受了各个地区的文化。

他既不强行要求将波斯语作为帝国通用语，也不干涉各地在日常生活中使用的语言，生意场上则把活跃于帝国商业活动中的埃兰人使用的埃兰语作为官方语言，各民族之间因此得以顺利地开展信息沟通及文化交流。

在已经被纳入了阿契美尼德王朝版图的埃及，他让当地贤达将埃及自古以来的法律汇总成书，该书同时用埃及语及埃兰语撰写。他既不将本国的语言，也不将本国的法律强加于人。

他继承前辈法老们的事业，大力修复、建造神庙。他还致力于保护犹太人。虽然居鲁士二世解放了犹太人并允许他们在耶路撒冷重建神庙，但由于经济等方面的原因，工程一直停滞不前。大流士一世于是赐给犹太人白银和材料，以维持他们的生活所需及兴建神庙的工作。

亚述统一东方后，由于实施高压政策，引发了各民族的反叛，不久便分崩离析。相反，大流士一世通过这些怀柔政策获得了众多民族的支持，他的治国理政方略后来被亚历山大大帝的帝国继承发扬。

保存至今的阿契美尼德王朝的足迹

大流士一世还完成了将古波斯语保存至今的重任。他不强制臣民、属民使用波斯语，仅在官方文件及铭文中使用波斯语。除了前面提到的贝希斯敦铭文之外，大流士一世在王宫所在地波斯波利斯及他自己墓地的铭文中也使用了大量的波斯语，给今天留下了规模最为庞大的古波斯语史料库。

波斯波利斯由大流士一世开始兴建，经过数代人的努力将其建成了首都。大流士一世还从全帝国招募工匠修建了宫殿，以在此举行迎接新年的仪式、各民族谒见国王仪式及豪华宴会

波斯波利斯

等。这座宫殿虽然后来被亚历山大大帝放火烧为废墟,但宫殿遗址依然被列为了世界遗产。

治国理政后半期,大流士一世在远征斯基泰时铩羽而归。这引发了小亚细亚沿岸处于波斯统治之下的希腊各城市的叛乱,成了波斯战争的导火索。马拉松赛来源于马拉松战役,在这场战役中,受大流士一世之命出击的波斯军队被打得落花流水。大流士一世于是想亲自出征,但因其猝然离世,后来由其与居鲁士二世之女所生之子薛西斯一世继续远征。

就是这位薛西斯一世在雅典卫城放了一把火,成了后来亚历山大大帝消灭波斯的引火线。

大流士一世不断开疆拓土,其统治下的大帝国土地辽阔。他从被自己征服的地区继承来的各项政策在其死后依然作为亚历山大大帝的帝国及罗马帝国的根基支撑着社会的运转。

微观世界史 帝王篇

亚历山大大帝
长江后浪推前浪的英雄

位于古希腊北部的马其顿王国趁波斯战争之机羽翼日益丰满，在腓力二世的带领下征服了古希腊。其子亚历山大继承父亲遗志，几乎掌握了当时可以想象到的整个世界，由于其建立的丰功伟绩，人们将其誉为大帝。

通过东征，亚历山大大帝的帝国不断扩张，对后来的世界产生了巨大影响。如果没有亚历山大大帝，也许就没有埃及女王克里奥帕特拉吧。

<生卒> 公元前356年—公元前323年
<在位> 公元前336年—公元前323年
马其顿王国

随父征服希腊

亚历山大大帝虽然是希腊人,却不是出生在古希腊的城邦,而是出生在马其顿王国。马其顿王国位于雅典及斯巴达等地的北部,生活在此的希腊人并没有建立城邦。

马其顿王国横跨现在的希腊、马其顿、保加利亚、阿尔巴尼亚,公元前6世纪末时臣服于波斯阿契美尼德王朝。随着希腊在波斯战争中取得了胜利,马其顿王国加强了与希腊世界的联系。这个小国在城邦社会开始衰弱的公元前4世纪羽翼渐丰,在亚历山大大帝之父腓力二世的带领下征服了希腊各地。

腓力(腓力二世)作为人质在希腊中部城邦底比斯度过了少年时代,他在此学习到了希腊战术及文化,23岁登基。

腓力二世不断提高马其顿的军事实力,势如破竹地占领了希腊各地。由于其来势汹汹,雅典掀起了反对腓力的运动。腓力二世在喀罗尼亚大破雅典和底比斯的联军。此战役之后,几乎整个希腊世界都被这个新兴国家征服了。

在集结了除斯巴达之外所有城邦的科林斯同盟会议上,腓力二世胜利取得了希腊的主导权,并通过了为报复波斯而向其宣战的决议。自从受到波斯进攻以来,希腊一直存在着一股企图复仇的势力。因此,腓力二世提出了成立全希腊同盟,讨伐共同的敌人——波斯的目标。

但是,腓力二世被亲信暗杀,于是讨伐波斯的大任交给了其子亚历山大。

亚历山大大帝骑马像

聘亚里士多德为家庭教师

亚历山大在成长过程中并没有争夺王位的烦恼。与父亲不同,他没有当过人质,而是跟着父亲请来的家庭教师学习,其中一位就是希腊哲学家亚里士多德。亚历山大曾经说过:"我活着要感谢父亲,我现在活得好要感谢亚里士多德。"从13岁开始,他和与自己年纪相仿的贵族子弟一起学习了3年,掌握了作为希腊人必须具备的文化知识。

这位被寄予了厚望的少年,天资聪颖,留下了许多逸闻。布西发拉斯是一匹桀骜不驯的马,被亚历山大驯服之后成了他东征途中的好搭档。父亲腓力二世捷报频传,他却闷闷不乐,抱怨道:"父皇任何事都捷足先登,我想和你们一起干的大事一件也不给我们留下。"

有种说法认为,想超越父亲腓力二世的宏图大志正是促使其东征等的动力。

据说他是一个喜欢沉浸于空想的浪漫主义者,非常崇拜希腊史诗中的阿喀琉斯。这位少年心中藏着成为下一任国王的决心及野心,16岁便当上了摄政王开始掌管国事,并参加了喀罗尼亚战役,20岁时便继承父志登基成为亚历山大三世。

被马其顿征服的各个民族瞧不起这个乳臭未干的新国王,不承认他。于是,亚历山大三世用了3年的时间镇压各地叛乱,统治了整个希腊。这段时间内冲锋陷阵的是马其顿军,每当出现叛乱,亚历山大三世都会迅速赶往前线。这种机动能力正是马其顿军的特长。

在希腊军队中,每名士兵后面都跟着一名仆人。波斯军队更甚,国王及其家眷等随从众多、辎车富丽堂皇,还有成群结队的拉车的家畜及供这些家畜食用的大量的饲料,总之人多马乱。过多的人员及辎重影响了行军速度,而且马其顿周围多山,不适合辎车移动,部队必须轻装上阵。

因此,马其顿军禁带辎车及女眷,士兵自己携带自己的辎重，随从人数也有限制。因为精简了非战斗人员及辎重，所以这支部队具有很强的机动能力。士兵都是经过刻苦训练锤炼出来的骁勇善战的职业军人，战前训练中可以携带武器及辎重疾跑约50公里。征服希腊之后，亚历山大三世将希腊士兵编入了这支优秀的军队，并继承父亲遗志踏上了东征之路。

这支军队的雏形并不是亚历山大三世，而是腓力二世建立的。在助其远征的臣下及朋友当中，很多人都是通过其父亲结识的。这场空前绝后的大远征可以说是有了其父亲才得以实现的。

与宿敌波斯决一死战

始于公元前334年春天的东征首先展开了两场与波斯阿契美尼德王朝大流士三世的战役。

到达小亚细亚后不久，亚历山大三世就与波斯军队在格拉尼克斯河两岸打响了战斗。他虽然被长矛刺伤了胸口，但依然击溃敌军，相继征服了小亚细亚沿岸的各个城市。经过内陆城市戈尔迪乌姆到达地中海东岸北部的伊苏斯之后，他与大流士三世的主力部队展开了对决。

大流士三世见大势已去，抛下母亲、妻子及孩子们落荒而逃。据说，后来亚历山大三世给予其家眷们与身份相应的优厚待遇。

马其顿军挥师南下地中海东岸之后，在埃及被作为解放者受到了热烈欢迎。在这里，亚历山大三世加冕成为法老。他开始设想在尼罗河三角洲的西边建设一座以自己的名字亚历山大命名的希腊风格的城市。

掌握了东地中海的亚历山大三世沿地中海东岸继续挥师北上，直捣美索不达米亚。他在底格里斯河中游的高加米拉再次与大流士三世展开战斗（高加米拉会战），敌国之王再次落荒而逃。

马其顿军虽然是其父亲留下来的"衣钵"，但之所以能够屡战屡胜是因为亚历山大三世自身具有超凡的指挥才能。他根据战场的地形及敌军的排兵布阵制定了卓有成效的战术，面对被动的波斯军，他总是先发制人，以迅雷不及掩耳之势勇擒敌将。这样做的缺点是容易将己方暴露于危险之中，但这位年轻的指挥官在每次战役中不断完善战略，取得了节节胜利。

不断向大陆深处挺进的马其顿军在古都巴比伦也受到了欢迎，人们感谢他们把自己从波斯手中解放了出来。亚历山大三世放火烧毁了波斯阿契美尼德王朝首都波斯波利斯的宫殿，然后向内地挺进追击大流士三世。两军相遇时，众叛亲离的大流士三世已经气息奄奄。他在亚历山大三世的怀中咽下了最后一口气，波斯阿契美尼德王朝落下了帷幕。

占领了波斯波利斯之后，亚历山大三世尊重波斯的礼节及习惯等，并将其保留在了这片领土之内，他还保留了阿契美尼德王朝的行政机关。征服之初，他曾任命马其顿人担任当地总督，但进入巴比伦之后，积极录用了一些波斯人。他还采用了波斯的宫廷礼仪及服饰等。

他在苏撒为约80名马其顿的亲信和波斯贵族女性举办了集体婚礼，他自己也娶了一位阿契美尼德王朝的公主。此举的目的在于维护政治稳定，谋求马其顿与波斯的和谐共处。

实现了打倒波斯这个远大目标后，亚历山大三世依然野心勃勃地跨过印度河向印度挺进。不过，由于失去了自己心爱的战马以及疲惫不堪的士兵们不肯继续前进，他只好打道回府。公元前323年，亚历山大三世猝然离世于巴比伦，享年32岁。

亚历山大三世以迅雷不及掩耳之势掌握了当时可以认识到的整个世界，但他自己的一生却如白马过隙般短暂。

传记作家留下来的大帝的真实面貌

在助其东征的同伴中有很多传记作家，少年时与其一起跟着亚里士多德学习的托勒密就是其中之一。亚历山大三世在远征途中的情形通过他们留下的传记得以流传至今。

为了鼓舞士气，抬高自己，亚历山大三世经常通过做出一些举动来让人们把他当成英雄。在小亚细亚内陆城市古都戈尔迪乌姆流传着一个传说："谁能解开这个绳结，谁就是亚细亚之王。"于是，亚历山大三世用剑把系在牛车上的绳结劈成了两半。这个被称为戈尔迪乌姆之结（又称：所罗门王结）的逸闻一直流传至今，意指一刀两断、一气呵成地解决难题。

随着东征，亚历山大三世的自我意识越来越膨胀，他逐渐从英雄变成了神。

在埃及，他在位于现利比亚边境附近锡瓦绿洲的神庙宣称得到了自己是神之子的神谕，临死之前一年，他还要求希腊各国把自己视为神。

此外，还流传着一些关于其人格魅力的传说。因为曾经师从过亚里士多德，亚历山大三世终生孜孜不倦地读书，经常把亚里士多德校订过的书和短剑一起置于枕头之下。他也很关心文化及自然科学，远征时带着学者同行，奖励学者们研究各地的风土人情及动植物。

高加米拉会战时，手下的将军劝其夜袭，但他宣称要白天光明正大地打。远征途中，他时刻盯着食品分配是否公平，空闲的时候就去训练或狩猎等。进入巴比伦城之后，有些亲信生活骄纵奢侈，他警告他们说："安乐的生活适合于奴隶，自律的生活才适合于王者。"由此可以看出其质朴刚毅的生活态度。

但在远征的后半阶段，为了让亚洲各民族屈服，他一改清心寡欲的生活方式，故意大摆排场。

金无足赤，人无完人，被捧为神或英雄的亚历山大也是一个充满矛盾的人。

带来文化融合

亚历山大三世猝然离世之后，王室绝嗣，王位继承出现了问题。为了争权夺利，马其顿的将军们随即展开了王位继承人之战，公元前 4 世纪末，广袤的领土分裂为埃及托勒密王朝、叙利亚塞琉古王朝、马其顿安提柯王朝等数个国家。

19 世纪的德国历史学家德罗伊曾将自公元前 323 年亚历山大三世去世至公元前 30 年托勒密的后裔、埃及女王克里奥帕特拉自尽，托勒密王朝灭亡为止的时期称为希腊主义时期。希腊主义指希腊式的文化及思想。

亚历山大城曾经是托勒密王朝的首都，是希腊主义的中心，现在依然是埃及屈指可数的大城市。亚历山大死后建成的这座城市在托勒密及其子孙的发展下，罗马时代曾经生活着 100 万人。它不仅是贸易中心，还有缪斯圣殿（希腊语称为 Mouseion，"博物馆 museum"一词的词源）、图书馆、天文台等。据说托勒密在这里为亚历山大建造了墓地，但其遗址一直没有

亚历山大城

被找到。

　　除了埃及，亚洲各地也纷纷建设了名为亚历山大的城市，希腊人移居到这些城市普及希腊文化。商人等人员往来频繁，东西文化水乳交融，在幅员辽阔的帝国之内，希腊语作为通用语得到了普及，被称为共同语。《新约圣经》的原文采用了共同语，希伯来语的《旧约圣经》也被翻译成了共同语，这对全世界的宗教产生了巨大的影响。在伊斯兰世界，亚历山大大帝也受到了与《古兰经》中出现的英雄同等的待遇。作为世界征服者，他成了一个理想化的人物。

　　他完成了征服欧亚大地的伟业，是一位当之无愧的大帝。他当初的目的只是向波斯复仇，但因为建立了大帝国，希腊文化得以传到了亚洲。例如，希腊雕塑对佛教圈产生了深远的影响，印度因此才开始制作佛像。

　　如果波斯士兵在格拉尼克斯战役中用长矛刺中了亚历山大的心脏，那么现在的世界一定是迥然不同的格局吧。

微观世界史 帝王篇

秦始皇
祈求永远的第一个皇帝

　　秦国嬴政结束了群雄割据的春秋战国时代。在中原各国眼里，秦国只是一个偏远的小国，可是它却通过法治主义逐步提高了国家实力，实现了中国的统一。

　　嬴政自称始皇，通过多项改革政策实现了国家统一，但是秦王朝仅存续了短短15年就分崩离析了。这位伟大的第一个皇帝给后来的中国留下了什么呢？

<生卒> 公元前259年—公元前210年
<在位> 公元前221年—公元前210年（作为秦始皇）
秦

发源于黄河流域的中国文明

距今 2000 多年之前统治着中国大陆的秦始皇，如其名所示，是中国历史上第一个自称皇帝的人。有种说法认为，China 一词来源于"秦"，这或许是因为古代欧洲人以为中国始于秦。

其实，中国历史起源于距今 5000 多年之前兴起于黄河流域的黄河文明。兴盛于约公元前 2070—公元前 1600 年的夏是有文献记载的最早的王朝。

20 世纪 50 年代在河南省偃师市出土了包括宫殿在内的大规模的村落群。从该二里头遗址中还发现了青铜器、卜骨（用于占卜的兽骨）等。卜骨上有类似于文字的符号，但还不足以认定为文字。后世的文献记载与二里头及其周边遗址的情况一致，由此可以确定夏的确存在过，但还无法证明二里头遗址是夏的。

考古学和历史学两方面都认可的中国最早的王朝是继夏之后成立的殷（商）。在河南省安阳市发现的殷墟是殷代晚期遗址，人们在其巨型坟墓里发现了大量人骨，出土的龟甲及兽骨上刻有文字（甲骨文），这是现在的汉字的起源。

其西边的周国君主姬发（武王）于公元前 1046 年推翻殷之后，在黄河流域成立了周王朝，并于公元前 770 年将首都从镐京（后来的长安）迁往洛邑（后来的洛阳）。如今，人们将迁都之前称为西周，迁都至灭亡为止称为东周，东周时代又分为春秋时代和战国时代。不过，这两个时代界限不分明，所以通常统称为春秋战国时代。

秦为什么成为强国？

殷灭亡之后，周不断向东扩大势力，纷纷将各地的实权人物收归麾下。这些实权人物向周王进贡，紧急情况下派遣军队增援周室，以此换取统治土地及人民的权利。不久之后，周王根据其统治土地的面积分别授予了公、侯、伯、子、男的爵位，这种身份可以世袭继承。这样，周朝时期的中国成立了王与诸侯（君主）的封建制。

然而，进入春秋时代之后，周王室日渐衰微，各地君主开始明争暗斗。虽然活跃的时期各异，但势力最大的有5位君主，人称"春秋五霸"，秦穆公就是其中之一。各国不断分裂、兼并，至战国时代出现了秦、楚、齐、燕、赵、魏、韩这战国七雄割据的局面。

气息奄奄的东周于公元前256年被秦所灭。

秦是一个发祥于现陕西省的小国。公元前900年左右，因为善于繁育马匹而立下大功的非子从周孝王手中获封秦地，于是非子的子孙就成了秦国君主。非子由周孝王赐封嬴姓，所以秦始皇的本名叫嬴政。

秦国成为强国，是因为重用了法家（法家指在治国理政中以法为重的学派）。春秋时代末期，由孔子创立的以礼为尊的儒家不断发展壮大，法家提倡的法治主义与儒家追求的德治主义存在许多水火不相容的地方。为了对各项顽固不化的旧制度进行改革，秦国第二十五代君主秦孝公引进了法治主义作为国家的根本大计。

秦孝公重用商鞅实施大规模改革，史称"商鞅变法"。他废除了一直以来贵族阶层具有的既得利益，凭真才实学赐给家臣爵位及土地。秦统一之后采用的郡县制以及统一度量衡之类的举措这时都已开始实施，当时的秦国可以视作秦始皇所追求的国家的雏形。

通过这一系列的改革，秦国在秦昭襄王（秦孝公之孙、秦始皇之曾祖父）时一跃成为战国七雄中最强大的国家，其他各国只有联起手来才能与之抗衡。

重视王朝的正统性

日后当上了皇帝的嬴政并不是无忧无虑地在王宫里长大的。因为其父子楚继承王位的可能性微乎其微，所以嬴政小时候随父作为人质生活在赵国首都。后来，在大商人吕不韦的精心策划之下，子楚当上了秦国太子，嬴政也摇身一变当上了秦国的继承人。

后来，子楚作为秦庄襄王即位，但是3年之后就病死了。公元前247年，嬴政当上了秦王。不过，由于他当时还不到13岁，政治实权由丞相吕不韦掌握。

长大之后，嬴政的亲政欲望越来越强烈，于是他流放了吕不韦，名副其实地掌握了秦国的实权。后来，他差点儿被燕国太子派来的刺客暗杀，度过此次大劫之后，他依靠强大的军事实力相继消灭了其他各国，于公元前221年统一了中国。

坐上统一王朝之主的宝座之后，嬴政做的第一件事情是修改自己的称号。在战国时代末期，战国七雄的君主纷纷自称为王，所以他必须让天下人知道自己的地位高于他们。

经过与臣子们反复商量，嬴政创造出了皇帝这个新词。其来源是中国古代神话中表示3位神和5位圣君之意的三皇五帝，

秦铜车马

皇帝一词包含了其想比三皇五帝还高贵之意图。

此外，秦始皇一直讲究自己统治天下的正统性，于是引进了诸子百家之一的阴阳家倡导的五行说。当时的中国人认为，万物由5个元素构成，帝王具有这5个元素之中的某个之德，王朝依照火、水、土、木、金之顺序更替。例如，殷有金之德，周有火之德，秦有水之德。

消灭周室掌握霸权之后，秦为了提高人民的看齐意识，必须把王朝更替解释为一种自然法则，而不是个人意志。

顺便提一句，这五德分别配有不同的颜色，水是黑色。肖像画中画的秦始皇身着黑衣,这充分证明当时非常重视五行说。

以郡县制为基础的中央集权制

后来，秦始皇任用法家的李斯相继实施了各项以法治主义为基础的改革政策，其代表性的举措有统一度量衡、货币、车轨、文字等。

比这些统一政策更重要的是建立了新的统治制度。秦始皇进一步完善了秦在战国时代就已经采用的郡县制，废除秦之外的国家，设置36（后改为48）个郡。郡又划分为县、乡、里等行政单位，由中央指派的官员负责统治。秦因此建立了中央集权制。

下面，让我们把目光转移到秦国之外。在北方，被称为匈奴的外族不断骚扰边境，如何应对成了迫在眉睫的问题。秦始皇派30万大军奔赴边境附近驱赶匈奴，为了防止其再次进犯而修缮了长城。人们通常认为长城是秦始皇下令修建的，其实，城墙在秦王朝成立之前就零零星星地存在，秦始皇不过是把它们连成了一体。

大兴土木是秦代的一个特色，秦始皇还兴建了正殿可以坐1万人的阿房宫、他自己的陵墓骊山陵（秦始皇陵）及其附属的兵马俑坑等。为了修建这些显示其威严的大型工程，老百姓都被抓去做劳力，哀鸿遍野，民不聊生。

追求长生不老

众所周知，秦始皇即位时曾赴位于现山东省泰安市的泰山举行封禅大典。该祭祀仪式的目的是为了向天和地汇报自己在政治上取得的成功，后来汉武帝和唐玄宗等也举行过该活动。

秦始皇封禅的内容不详，但人们认为与神仙思想有关。

神仙思想相信存在长生不老的神仙，认为人也可以成为神仙。秦始皇命擅长医术及占卜的方士去寻找成仙的方法。据司马迁《史记》记载，方士徐福领命之后去寻找据说有灵药的3座仙山，他向东找了很久没有找到，于是在一个所谓"平原广泽"之地（有种说法认为是日本）自立为王。

执迷于长生不老的秦始皇，命方士继续研究秘药，后来成功开发出了丹药，这种药其实就是水银。

据《史记》记载，秦始皇的陵墓中有水银冲流而成的山和海，后来经过调查，果然在秦始皇陵发现了水银蒸发的痕迹。另外，2002年从湖南省的一个井底发现了36000块木简，据说有的木简上写着秦始皇令人去寻找长生不老药的命令，有的木简上写着村民为此愁眉不展。

秦始皇陵兵马俑

改革急于求成，引发民众不满

秦王朝统一中国 15 年便灭亡了。其短命而亡的原因在于法治主义在执行中过于严苛，改革急于求成。

秦始皇对政见不同者的处罚极其严厉，在焚书坑儒这场镇压运动中，他从民间没收并焚烧了除秦国历史、医学、占卜及农业之外的所有书籍，活埋了 4600 名对其政治持批判态度的儒生。同时，对于违反军令者，不问理由一律处斩。不难想象当时的统治引发了百姓多大的不满及恐惧。

公元前 210 年，秦始皇病逝于东巡途中。其长子扶苏天资聪明，秦始皇生前也希望其继位，但由于父子在政策上存在矛盾，扶苏被送往前线与匈奴作战，宦官赵高趁机拥立秦始皇的次子胡亥为秦二世。不知道父亲死讯的扶苏被赵高捏造的诏书逼得自杀身亡，秦始皇的重臣李斯也被赵高设计处死。

宫中乱成一团，与此同时，公元前 209 年发生了中国历史上第一次农民起义"陈胜吴广起义"，这场起义是由陈胜、吴广两个农民发起的。

随着起义之火向全国燎原，之前已经灭亡了的那些国家的实权者也纷纷揭竿而起。这时，楚国将门之后项羽及农民出身的刘邦都在楚国叛军之中。

刘邦逼近秦都咸阳之后，赵高逼秦二世自尽，拥立秦始皇之孙子婴为王。之后，子婴诛杀赵高，抛弃皇帝称号，并投降了刘邦。最终，秦始皇整个家族被继刘邦之后进入咸阳的项羽杀害。

后来，刘邦在与项羽之间展开的"楚汉之争"中获胜，开辟了汉王朝。

一方面，汉朝实施了以郡县制为基础的郡国制，某种程度上沿袭了秦政。另一方面，汉朝在政治上汲取了秦的失败教训，纠正了过激的法治主义，停止大兴土木，并与匈奴讲和等。

秦的国家治理政策长久以来一直饱受诟病，秦始皇也成了暴君的代表。不过，秦始皇运用强权统治国家这种政治体制一直延续到20世纪，因此，人们也开始重新评价秦始皇的功过是非。

微观世界史·帝王篇

奥古斯都
携友偕妻打造罗马和平

罗马共和国相继征服周边国家成了地中海的霸主,但由于连年征战,国力渐衰,内战此起彼伏。平定高卢之后,有人担心英雄恺撒可能成为独裁者而将其杀害。

其继承人屋大维镇压内乱,将支离破碎的共和政体变为帝政,成为罗马第一任皇帝奥古斯都。罗马有讨厌独裁者的传统,那么他为什么能够成为独主天下的统治者呢?他为什么得到了奥古斯都这个称号呢?

<生卒> 公元前63年—公元14年
<在位> 公元前27年—公元14年
罗马帝国

风雨飘摇的共和国，政局混乱的罗马

"在人生这场喜剧中，我演好了自己的角色吗？"公元14年8月，在庞贝近郊诺拉，一个老人在家人的陪伴之下说完这句话便断了气。这位老人似乎很喜欢戏剧，他把自己当成了一个演员。他名叫奥古斯都，是罗马的第一任皇帝。

古罗马历史上大名鼎鼎的尤利乌斯·恺撒被暗杀之后，奥古斯都的人生发生了戏剧般的巨大变化。

罗马是公元前8世纪左右沿意大利中部台伯河兴建的城邦，公元前509年罗马市民驱逐了国王，从王政转变为共和政体。起初，贵族与平民之间存在着身份上的差异，这引发了作为军事力量核心的中小农民的不满，至公元前3世纪，贵族与

奥古斯都雕像

平民在政治上实现了权利平等。

后来，以农民为主力的罗马军队相继攻陷周边的城邦，至公元前 2 世纪，罗马已经变成了一个在地中海沿岸拥有众多统治区、行省的强国。

负责统治行省及承包征税的贵族富得流油，而农民却越来越没落。连年征战导致农民无法耕种，农地荒废，农民涌入首都罗马成了无产市民。

公元前 2 世纪后半叶，政治家格拉古兄弟开始改革，重新分配土地，但遭到贵族等反对势力的迫害，以失败告终。之后的约 100 年间，拥有私人武装的大政治家们明争暗斗，冲突不断。这段动荡不安的时期被称为"内战的世纪"，平息了内战的 3 人之中有一个名为尤利乌斯·恺撒的人。

恺撒与大政治家庞贝、克拉苏结成日后被称为第一次三头执政的秘密同盟，不久他消灭了与自己势不两立的庞贝，终身担任原本是非常时期临时委以全权的独裁官（Dictator）。恺撒虽然获得了人民的支持及权力，但后来被政治家布鲁图暗杀。

恺撒讨伐敌人，埃及灭亡

奥古斯都于公元前 63 年出生于罗马东南小城的豪族之家，当时的名字是屋大维。

屋大维 4 岁丧父，由外祖母、恺撒的妹妹茱莉娅抚养成人。他 12 岁时，茱莉娅去世。屋大维在其葬礼发表悼词时引起了恺撒的注意。

后来，恺撒慧眼识英雄，带着他远征讨伐庞贝派，还送他去行省留学。

屋大维是在留学地得知恺撒被暗杀的消息的。

接到自己被指定为恺撒接班人的遗诏之后，屋大维与恺撒手下大将安东尼、雷必达结成第二次三头执政政治同盟前去讨伐布鲁图等杀害了恺撒的势力。

但是，安东尼迷恋埃及女王克里奥帕特拉。安东尼本来娶了屋大维的姐姐屋大维娅为妻，不久便离婚与克里奥帕特拉结婚。他背叛罗马，把东方行省要塞送给了克里奥帕特拉。在愤怒的罗马市民的支持下，屋大维于公元前31年在希腊西北的阿克提乌姆海角击沉了埃及舰队。安东尼和克里奥帕特拉被迫自杀，埃及托勒密王朝变成了罗马的一个行省，内战得到了平定。

打败安东尼之后，国内没有了反抗势力，屋大维稳固了统治权。

为什么是"奥古斯都"？

"我辞去自己的所有职务，将军队、法律及行省治理权等所有权力都归还给你们。"公元前27年，屋大维在贵族会议元老院的这番演讲受到了大家的交口称赞。作为恺撒的接班人，屋大维继承了恺撒担任终身独裁官时的权力，现在他却宣布将大权重新归还给元老院和市民。

元老院欢欣雀跃的原因可以追溯到王政时代。城邦形成时，罗马处于以意大利中部的托斯卡纳地区为根据地的伊特鲁里亚国王的统治之下。这位国王起初推行仁政，但随着时间流逝变得越来越昏庸，对其行为感到不满的元老院于是驱逐了这位国王。罗马人觉得自己是自由民的意识非常强烈，所以讨厌可能会侵犯自身自由的独裁者。

这种意识一直延续到以元老院为中心的共和政体之中，所以，恺撒在显示出成为独裁者的势头之后就被支持共和政体的布鲁图等人暗杀了。屋大维虽然大权在握，但放弃了成为独主天下的统治者，将权力归还给元老院主导的共和政体，此举令元老院肃然起敬。为了歌颂其丰功伟绩，元老院授予屋大维"奥古斯都（至圣至尊者）"称号。

此外，尤利乌斯历（又称儒略历）的8月即来源于这个称号，后人称之为奥古斯都月，现在很多国家使用的格里高利历称之为August。

为了避免重蹈恺撒覆辙，奥古斯都表面上将复兴共和政体作为大政方针，一直立场坚定地自称为罗马第一市民。在与元老院共同分担国政时，虽然他宣布归还所有权力，但仍身兼数职，掌握独裁实权，成了事实上的皇帝，却没有人怀疑他是独裁者。

进入帝政之后，当时还没有表示皇帝之意的词汇，归根结底只是由第一市民统治的元首政治。这一点与帝政后期不把元老院放在眼里的君主专制有很大的区别。

通过变革，罗马成为安居乐业之地

巧妙地建立了帝政的奥古斯都虽然坚不可摧，但体质虚弱。关于其虚弱的情形有很多传说，他肠胃不好，所以经常绑着腹带，并随身携带大量药品。所以，在奥古斯都担任总司令的战役中，带兵打仗的实际上是其少年时代的挚友阿格里帕。

阿格里帕充分发挥了其军事才能，在军事方面给予了奥古斯都大力支持，指挥阿克提乌姆海战的也是阿格里帕。

奥古斯都时代的帝国版图东至现在的叙利亚，西至西班牙，南至埃及，但有些地区的行政体系尚不完善。奥古斯都与阿格里帕一起花了几年的时间赴行省巡视，完善了各地的行政体系。他兢兢业业地实施户口调查，核实税收负担是否公平、行省总督是否非法征税等。

他俩在各地普及罗马的生活方式，促进城市化的发展，提高了百姓对帝国的忠诚度及感恩之心，百姓开始意识到自己是帝国的受益者。"我是罗马帝国的一员！"这个意识在其后约500年间将欧洲与地中海沿岸地区连接在了一起。

奥古斯都还给帝国中枢罗马带来了翻天覆地的变化。他在易发生火灾及洪水等灾害的罗马相继用大理石修建了很多公共建筑及神庙，并通过成立水务局和铺设、改造道路网等举措完善了城市基础设施。粮食不够时，他自掏腰包解决困难。他还成立了夜警消防队、首都警卫队来守护城市的安宁。他实施了多项政策，引进了其后300年间罗马帝国作为基础货币的新的货币制度，制定法律优先照顾有小孩的家庭以解决低生育率问题。从景观到制度都焕然一新的罗马发展成了一个名副其实的帝国首都。

之后，罗马持续繁荣了200年左右，人们称之为罗马和平。

一热一冷的两张面孔

为帝政时期奠定了基础的奥古斯都在传说中是一个富有人情味的人。

据说，他把希腊神话英雄埃阿斯的悲剧写在纸上之后，对自己的作品不满意，于是用海绵去擦拭文字。这时，他对友人说道："埃阿斯用海绵自尽了。"他也很幽默，如将做事雷厉风行比喻为"做事比用芦笋做一道菜还快"。他五官端正，是一位优雅脱俗的美男子，一生花边新闻不绝于耳，但据说他与再婚的妻子利维娅举案齐眉，白头偕老。

作为个人，他具有迷人的人格魅力，但他同时也具有作为一个铁面无私的公职人员的一面。被迫与安东尼、雷必达联手的时候，他抛弃了拥护共和政体的朋友们。

作为统治者，有时必须冷酷无情，其冷酷的一面更多的是为了维护公共利益，但是作为个人，这样做会适得其反。由于过于执着于选择与自己有血缘关系的人做继承人，他逼利维娅带来的孩子提比略与爱妻离婚，转而娶自己与前妻所生的女儿、寡妇茱莉娅（大茱莉娅）。他把亲人当成自己的物品，结果导致家庭分崩离析。75岁时，他还没有来得及从亲属中指定继承人就驾鹤西去了，其妻与前夫所生之子提比略继承了王位。

奥古斯都陵墓

奥古斯都死后，罗马逐步确立了皇帝中心体制。由于采取了帝权在第一市民的立场，血统世袭一直没有获得合法化，皇帝的地位也得不到保障。由于与元老院之间的对立及互相猜疑，很多人被肃清。公元54年，尼禄即位，前5年他推行仁政，后来他弑母、迫害基督教教徒等。由于这些惨无人道的行为，他被元老院视为公敌，最后被逼自杀身亡。要打破这种惨淡的局面，只有等后来的五贤帝登场了。

奥古斯都坚持第一市民的立场，将罗马共和政体打造成了帝国。奥古斯都完成了自己的使命，开创了一个新时代。

微观世界史
帝王篇

图拉真皇帝
出身于行省却打造了帝国最大版图

罗马帝国鼎盛时期的五贤帝时代，被后来的历史学家赞为"人类历史上最幸福的时代"。5位皇帝之中，极大造福了帝国的是"最佳元首"图拉真皇帝。

图拉真皇帝并不是出生于帝国的中枢，而是出生于行省，这反映出帝国国民结构不断变化的时代特色。在施政方面，他尊重新旧势力，并将疆域扩张到帝国历史上最大范围。史上最大的版图给帝国带来了什么？他为什么被称为"最佳"？

<生卒> 公元53年—公元117年
<在位> 公元98年—公元117年
罗马帝国

走向"最幸福的时代"之历程

如果你问现在的罗马市民"最伟大的皇帝是谁",他们一定会说是图拉真皇帝。图拉真皇帝极大造福了罗马帝国,在他的时代,罗马的领土范围达到了顶峰。他是罗马帝国空前繁荣的五贤帝时代 5 个皇帝中的第二任皇帝,在位 19 年。

五贤帝时代是"罗马和平"的黄金时期,18 世纪的历史学家爱德华·吉本将其称为"人类历史上最幸福的时代"。但是,在这个时代之前,帝国走过了一段坎坷的历程。

作为暴君而臭名远扬的尼禄死后,至五贤帝时代之前有 6 个皇帝。这些皇帝缺乏第一任皇帝奥古斯都那样的领袖气质,为了取得民众的支持,他们勤勤恳恳地为市民服务。这就是所谓的"面包与马戏政策",一手是粮食供给,一手是大规模的

罗马斗兽场

娱乐活动，在圆形竞技场上演战车大赛及角斗等娱乐活动。位于现在罗马市内的世界遗产罗马斗兽场就是在这个时代修建的建筑。

临近五贤帝时代之前的图密善皇帝因为财政恶化及恐怖政治等原因遭到了暗杀。在他被暗杀的当天，元老院议员涅尔瓦被推举为皇帝，罗马进入了五贤帝时代。

涅尔瓦皇帝年老体衰，又膝下无子，于是开始物色接班人，幸运之箭落到了图拉真身上。

成为第一位行省出身的皇帝

帝政时期，罗马设有50个行省，这些行省大致可分为和平富饶的地中海沿岸地区和因外族侵略等而动荡不安的边境地区两类。

地中海沿岸地区向首都罗马输送大量物资，从中征收的租税用以维持帝国军队，边境驻扎着大批军队巩固国防。

行省的治理及防备由帝国负责，虽然最先进的文化纷纷涌入行省，但帝国并不将自己的价值观强加于人，而是尊重当地的土地自治及风俗习惯。因此，出现了越来越多"不以首都罗马及意大利半岛为据点"的"新罗马人"。

图拉真就是一个新罗马人的代表人物。

图拉真是第一位出身于行省的皇帝，他出生于受罗马文化影响发展起来的、位于现西班牙南部的伊塔利卡。

其家族世代以仅次于皇帝、元老院议员的骑士身份世居于伊塔利卡，到了他父亲那一代当上了元老院议员。图拉真15岁之后就跟随时任叙利亚行省总督的父亲治理军务，历任法务官、执政官，后成为上日耳曼尼亚总督。

44岁时，他得知自己被涅尔瓦皇帝指定为接班人。

涅尔瓦皇帝与图拉真之间并没有血缘关系，于是将图拉真收为养子。涅尔瓦皇帝治国理政1年4个月之后驾鹤西去，后来的五贤帝时代依旧沿袭了由皇帝指定合适人选作为接班人的办法。

尊重元老院的谦虚的皇帝

涅尔瓦皇帝之所以选定图拉真是因为他符合既受元老院，又受军队喜欢这个条件。关于其根据，众说纷纭，有人说是因为图拉真人脉广，出身名门，拥有大量军队等。那么，为什么必须得到元老院和军队的支持呢？

元老院议员是王政以来一直存在的官职，负责进谏及辅佐国王等。前面说过，罗马帝国曾经在王政时代驱逐独裁的国王，转向了以元老院为中心的共和政体。他们讨厌独裁者，"罗马是元老院主导的国家"这个意识非常强烈。帝政时期由于有皇帝，所以元老院无法像共和政体时代那样风光，但元老院主导这个意识依然根深蒂固地存在，因此，要当上正式的皇帝必须经过元老院同意。

行省总督也由元老院议员任命。边防军的团长多为元老院议员，所以要统治帝国，元老院议员的支持不可或缺。

军队的支持也必不可少。涅尔瓦皇帝时代，军队里很多人怀念先帝图密善。新帝必须在军队树立权威才能掌握军队。

因此，涅尔瓦皇帝死后，图拉真没有立即前往首都罗马，而是巡访驻扎在莱茵河及多瑙河附近的军队，实施怀柔政策，即位1年半之后才进入罗马城。受到民众欢迎的图拉真下马步行，并与他们亲切拥抱。图拉真这种谦虚的态度赢得了民众的好感。

图拉真还受到了元老院的热情欢迎，在其承认之下宣布作为皇帝即位。在人事任命上，他审时度势，在元老院议员中，同时任命意大利半岛出身者与小亚细亚出身者为执政官，一方面尊重罗马传统势力，另一方面积极启用新生力量治国理政。

他还通过与担任行省总督的元老院议员保持密切书信来往的方式关注地方政策。涅尔瓦皇帝担心的他与元老院的关系也开局顺利，图拉真很快就建立了稳固的政权。

获得"最佳元首"的称号

图拉真皇帝坚信政权基础已经固若金汤，即位3年之后便离开首都罗马，向位于多瑙河下游北岸的达契亚、即现在的罗马尼亚挥师而去。在图密善皇帝时代，经过战争，罗马已经与生活在多瑙河边境的达契亚人讲和，但达契亚人仍屡屡威胁罗马，于是图拉真皇帝认为必须讨伐达契亚。

图拉真皇帝本来就是军人，他在战争中大显身手。他两次战胜了达契亚之后，在多瑙河上建了一座桥，将达契亚并入罗马，成了罗马一个新的行省。从这时起，达契亚人开始与罗马人混血，被称为罗马尼亚人。现在的国名罗马尼亚意指罗马尼亚人的国家。建于首都罗马、现在依然保留着的图拉真皇帝纪念柱上刻着的浮雕描绘了达契亚战争的情形。

征服达契亚之后，图拉真皇帝继续挥师东进，吞并了亚美尼亚王国，然后挺进美索不达米亚攻陷了伊朗系国家帕提亚的首都，将帝国疆域扩张到了最大范围。

图拉真皇帝能够不断扩张版图的原因是，他具有杰出的军事才能，深受士兵信任。他利用自己受元老院和军队喜欢这一点成就了一番伟业，而这一点正是涅尔瓦皇帝选其为下任皇帝的原因。

不过，他并不是因为打造了最大版图而被称为"最佳元首"的。他之所以成为"最佳"是因为他把在御驾亲征中缴获的战利品都交给国家财政用于兴建公共事业为百姓谋福利。他重用建筑家阿波罗多罗斯，在首都修建了廉价的公共浴场、有图书馆等配套设施的大型广场、商业中心等。阿波罗多罗斯还负责设计了前面提到过的那座桥及纪念柱。

图拉真圆柱

图拉真还修建了六角形的港口作为罗马外港，在行省修建供退伍军人居住的城市等，不断发展帝国各地。

图拉真皇帝还继承并发展了涅尔瓦皇帝创建的福利制度。该福利制度向土地所有者发放贷款，然后将利息用于儿童养育基金。该制度后来一直延续了200年。

此外，他向贫民提供生活必需品等。

正是因为这些政策，他才被誉为"最佳元首"。

登峰造极之后

公元117年，图拉真皇帝在远征途中病逝于行省，享年64岁。

与涅尔瓦皇帝一样，图拉真皇帝膝下无子，临死之前指定表侄哈德良为接班人。有人怀疑图拉真皇帝的妻子恋上了哈德良，于是插手了指定接班人这件事。这个传闻流传了半个世纪之久。

作为五贤帝中的第三任皇帝，哈德良皇帝为了守住图拉真皇帝不断扩张得到的领土，积极视察帝国各地，努力巩固边防。第四任皇帝安东尼·庇护富有外交手腕，在位期间没有发生战争及重大事件，创造了一段被后来的历史学家称为"没有历史"的风平浪静的时代。

然而，到了第五任马可·奥勒留皇帝时，图拉真皇帝的扩张政策暴露出了弊端。由于边境线过长，有些地区的防守不到位，为了维持版图而发动的战争反过来挤压财政。祸不单行，从边境回来的士兵带来了瘟疫，造成城市市民大量死亡。

马可·奥勒留将满目疮痍的帝国交给了自己的亲生儿子，

但其子昏庸无能，辜负了父亲的期望。五贤帝时代宣告结束。

图拉真皇帝打造的最大版图虽然后来成了导致罗马帝国衰亡的祸端，但他大力发展公共事业，极大造福了当时的帝国。帝国鼎盛时期的统治者图拉真皇帝至今仍被罗马市民交口称赞为伟大的皇帝。

微观世界史 帝王篇

君士坦丁大帝
扭转乾坤，正式承认基督教并向东迁都

全世界都在使用的美国货币美元（dollar）的符号不是D，而是$。这个货币符号之谜与罗马帝国晚期的皇帝君士坦丁实施的一项改革有关。

五贤帝时代之后，罗马发生了翻天覆地的变化，分裂成了东、西两个帝国。君士坦丁皇帝力挽狂澜之后，感知到国内出现的变化，坚定不移地开始实施各项改革，因此被推崇为大帝。

其决断对帝国的前途、对与现在休戚相关的后来的世界产生了哪些影响呢？

<生卒> 公元272年—公元337年
<在位> 公元306年—公元337年
罗马帝国

帝国分裂的时代

现在,信徒人数最多的宗教是基督教。基督教发展的里程碑之一可以追溯到罗马帝国晚期的皇帝君士坦丁。

五贤帝之后,很多皇帝被近卫军暗杀,公元3世纪,大约50年内竟拥立了70个皇帝,政局混乱。其中很多皇帝是受到士兵支持的军人,所以被称为"军人皇帝",元老院正式承认的皇帝寥寥无几。

因为存在着"元老院主导的罗马"这种意识,就任皇帝必须得到元老院的承认,但此时的元老院几乎没有权力,要掌握权力就必须有军事力量。"枪杆子里面出政权"的原因是为了

君士坦丁大帝雕像

对付外敌入侵帝国边境等，但战乱无休无止，帝国濒临着分裂的危机。

面对这种情况，军方拥立的戴克里先皇帝将处于分裂边缘的帝国分割为东、西两部，分别设正帝和副帝，而不是由一人统治。这种由4人共同统治的体制称为四帝共治制。新体制取得了成功，既避免了分裂的危机，也抑制住了外敌入侵。但是，戴克里先皇帝退位之后，罗马再次陷入了混乱，帝位之争此起彼伏。

君士坦丁出生于巴尔干半岛，其父是西部的正帝。戴克里先皇帝及其父死后，君士坦丁加入了帝位争夺战并取得了胜利。他自己担任西部皇帝，与其结成了同盟的李锡尼担任东部皇帝，结束了四帝共治制。

迫害基督教及信徒大增

当时，基督教徒们主张除了自己相信的神之外，其他都是假的，他们虽然到处受迫害，但信徒却不断增加。强迫人们崇拜皇帝的戴克里先皇帝统治时，对基督教的镇压极其严厉。

基督教的起源地为巴勒斯坦。在奥古斯都的接班人提比略皇帝统治时，巴勒斯坦处于罗马帝国统治之下。

巴勒斯坦人原本信仰犹太教，但为律法主义和选民思想感到担忧的拿撒勒的耶稣冉冉升起。耶稣被作为帝国的叛逆者而处死，但从耶稣复活了的信仰中诞生了基督教。

可以说，基督教脱胎于犹太教，但基督教没有继承犹太教的选民思想。耶稣的弟子们积极向异乡外邦人传教，基督教在罗马帝国内迅速传播，在公元235年至285年的军人帝国时代，其信徒爆发性地增长。

一方面，罗马帝国原本就不排斥各地的土著宗教；另一方面，面对"罗马和平"之后出现的衰退，人们深感世事无常，因而开始追求内心的富足。基督教应运而生地打动了人心，一跃成为一股庞大的势力。

发布敕令，基督教成为世界性的宗教

君士坦丁当上西罗马皇帝的时候，基督教徒的人数据说已经达到了50万，如果禁止，会危及到帝国的统一。为了得到基督教徒的支持，公元313年，君士坦丁皇帝和李锡尼皇帝联名发布《米兰敕令》，正式承认基督教。该敕令严格说来是承认所有的宗教自由，但实际上是正式承认基督教。有的学者非常重视该敕令，认为它对基督教后来在全世界的传播发挥了决定性的作用，可见该敕令的颁布是一个重大历史事件。

为了统一教义，基督教会举行了第一次公会议。当时的教义分为两派：一是认为耶稣既是神，也是人的亚大纳西派；二是把神和耶稣分开对待的亚略派，两派对立非常尖锐。亚略派开始在东方受到追捧之后，君士坦丁皇帝感知到帝国分裂的危机，于是公元325年在小亚细亚召开会议（尼西亚公会议），决定亚大纳西派为正统，亚略派为异端。

亚大纳西派后来发展为天主教，被赶出了罗马帝国的亚略派开始向居住在罗马帝国疆域之外的北方的日耳曼人传教。可以说，君士坦丁皇帝是一个对基督教的发展、普及具有重要意义的人物。

深受信任 700 年的索利多金币

戴克里先皇帝将从首任皇帝起实施的元首制转变成了由皇帝通过官吏实施专制统治的君主专制。君士坦丁皇帝继承了这个改革路线，实施军队改编，通过下层民的身份、职业世袭化来巩固财政基础，从而进一步稳固了帝国的统治。

在诸多改革之中，现在影响犹存的是货币改革。军人皇帝时代，皇帝为了发放水涨船高的士兵工资，不断改铸银币，并减少银币中银的含量，导致货币贬值，物价飞涨。君士坦丁皇帝以罗马的重量单位 1 磅能铸造 72 枚金币为标准，建立了稳定的货币制度，力挽狂澜使经济走上了正轨。这种金币被称为索利多，从"为索利多而战斗者"之意衍生出了 soldier（士兵）一词。

索利多纯度高，质量稳定，在国际贸易中深受信任，一直流通到了 11 世纪后半叶，长达 700 年。

现在的美元使用 $ 作为货币符号据说是包含着希望能够像索利多那样经久不衰的愿望。

"第二罗马"东迁

东西两部的新皇帝虽然处于同盟关系，但君士坦丁皇帝拥护基督教，李锡尼皇帝却对基督教持怀疑态度，随着矛盾日益尖锐，两者在拜占庭城、即现土耳其伊斯坦布尔近郊展开了对决。

大战告捷的君士坦丁皇帝成了独主天下的皇帝，他在此建都并命名为君士坦丁堡。这个新都虽然没有兴建古老的宗教神庙，但其市容让人情不自禁地联想到皇宫、公共浴场等鳞次栉比的旧都罗马，所以被称为"第二罗马"。迁都之初，君士坦丁堡的政治地位不及旧都罗马，但到了君士坦丁皇帝的儿子那一代时，随着元老院日渐完善等，帝国重心开始向东转移。

　　随着旧都罗马失去了帝国中心的地位，帝国开始走向灭亡。

　　君士坦丁皇帝死后，帝国因为争权夺利而再次陷入兵荒马乱之中。公元379年即位的狄奥多西皇帝再次统一了帝国。但由于日耳曼人的入侵等原因，帝国不可避免地走向了分裂，狄奥多西皇帝于是将东西分裂的帝国分封给了两个儿子。

　　以罗马为首都的西罗马帝国因外族入侵等陷入混乱，于公元476年灭亡。而以君士坦丁堡为首都的东罗马帝国因为城市经济比较稳健，其命脉一直延续到15世纪奥斯曼帝国入侵时。

　　君士坦丁皇帝的统治经历了一系列的大变革，其丰功伟业改变了帝国的中心及理念，为世界性的宗教、货币及大城市等众多现代世界的构成要素奠定了基础。

微观世界史 帝王篇

查士丁尼大帝

为结婚而变法，为后世而留法

您知道日本的有些法律是以古罗马时代的法律为基础的吗？这是东罗马帝国（拜占庭帝国）的皇帝查士丁尼的功劳，是他让古罗马文化流芳后世。

在东罗马帝国，为了恢复罗马帝国往日的荣光，查士丁尼一世殚精竭力收复了地中海地区的领土，因此被称为大帝。他在任时取得的成功虽然给后来的帝国造成了一些麻烦，但长远看来，他的丰功伟绩给现代世界带来了不可估量的影响。

<生卒> 公元483年—公元565年
<在位> 公元527年—公元565年
东罗马帝国（拜占庭帝国）

西灭东存

现在,很多人往往认为罗马帝国分裂成东西之后就分崩离析了,但当时的人想法似乎不同。在混乱中苟延残喘的东罗马帝国的人继续称自己的国家为罗马帝国,查士丁尼一世为了恢复罗马帝国的荣光,殚精竭力地推进复兴伟业。

在查士丁尼一世时代之前,地中海周边的局势动荡不安。罗马帝国处于帝政初期时,居住在波罗的海沿岸的日耳曼人分成几十个部落,人口的不断增长导致耕地不足等,于是他们开始向罗马帝国边境附近南下。帝政后期,受从亚洲西进而来的游牧民族的挤压,他们在整个欧洲不断迁徙以寻找定居地。这种现象称为日耳曼人大迁徙,大约持续了200年。在风云瞬息万变的迁徙及建国的过程中,日耳曼人消灭了西罗马帝国。

查士丁尼大帝及其随从

公元5世纪，意大利半岛建立了东哥特王国，伊比利亚半岛建立了西哥特王国，北非建立了汪达尔王国，地中海西部原罗马帝国的领地归日耳曼人统治。当时，现在的希腊、土耳其、叙利亚、埃及等地中海东部地区是东罗马帝国的领土。

西边是日耳曼各部族，东边是兴起于现在伊朗的波斯萨珊王朝，东罗马帝国处于前有虎、后有狼的夹击之中，失去了往日的辉煌。查士丁尼正是在这种情况下登基为皇帝的。

东罗马帝国因为首都君士坦丁堡的原名为拜占庭而被称为拜占庭帝国。拜占庭原本是以其建设者拜占思的名字命名的古希腊人的殖民地，罗马帝国继续沿用了这个名称。

高举帝国复兴的大旗收复失地

查士丁尼出生于现在巴尔干半岛上的一个农民家庭，他叔父查士丁在首都非常活跃。与侄子查士丁尼一样，查士丁也出生于农民家庭，但他在首都历任要职之后，由元老院推选为皇帝。查士丁尼被叔父收为养子之后来到首都，经过努力学习，他平步青云。叔父死后，查士丁尼继任皇帝，接过了与波斯萨珊王朝打仗的接力棒。

查士丁尼一世野心勃勃地试图复兴伟大的罗马帝国。为了收复失地，他四处出兵，导致军费负担沉重，百姓怨声载道，首都因此爆发了被称为"尼卡暴动"的起义。

镇压起义之后，大权独揽的查士丁尼一世开始穷兵黩武从外族手中收复失地。他相继从汪达尔王国收复了北非，从东哥特王国收复了意大利半岛，从西哥特王国收复了伊比利亚半岛的一部分。

他虽然收复了广袤的失地,但其军事上的成功仅持续了一代便戛然而止,他死后,这些领土又被征服了。打仗非常烧钱,却看不到利益。由于他过于关注西方,其边境防守日益薄弱,于是后来受到了日耳曼人等外族的入侵。

整理归纳古罗马法

查士丁尼一世让罗马文化流芳后世,其丰功伟绩一直影响至今。他编纂了集古罗马法之大成的《罗马法大全》。

罗马法是自罗马共和政体以来罗马人制定的法律的总称。罗马法最初是仅适用于罗马市民的市民法,随着罗马将各个民族纳入自己的统治之下,罗马法发展成了受到万人认可的万民法。

在查士丁尼一世时代,东罗马帝国生搬硬套了许多杂乱不堪、模糊不清的罗马法,滥用法律的情况也屡见不鲜,查士丁尼一世于是命令法学家特里波尼安收集整理自古以来的法律。

该法规集分为3部,一是汇集了自五贤帝时代的第三任皇帝哈德良时代起颁布的各项法律《查士丁尼法典》,二是归纳了法学家们见解的《学说汇纂》,三是法律入门书《法学阶梯》。汇集完成之后,又增补了将查士丁尼一世颁布的各项法律整理而成的《新律》。这些总称为《罗马法大全》,这个名称是16世纪命名的。

将法律解释整理归纳而成的《学说汇纂》,拉丁语写做Digesta,表示对文章等进行归纳总结之意的英语单词digest(摘要)即来源于此。

实际上,《罗马法大全》并不实用,一个世纪之后就被东方国家忘却了。不过，11世纪，它在意大利北部的博洛尼亚重见天日，意大利最古老的大学博洛尼亚大学也随之成立。

罗马法通过博洛尼亚大学传播到整个西欧，分为宪法及民法等，并衍生出了近代的《法国民法典》及《德国民法典》。它对借鉴了欧洲法律制度的日本及中国等国家也产生了深刻的影响。

日本现在的法律是借鉴以罗马法为基础的欧洲法律制定的，所以存在着许多与罗马法相通之处。

退货制度就是来源于罗马法的现代法律的一个例子。该制度规定，购买的商品如果是次品，只要在保证期内，就可以退货。在罗马市场买卖奴隶或家畜时可以使用该制度。起初，对象仅限于奴隶或家畜，查士丁尼一世修改了该原则，将之推广到所有的买卖之中。

"不眠皇帝"留下的遗产

在编纂《罗马法大全》之前，查士丁尼一世就因个人原因修改过法律。他来到首都之后，偶遇舞女狄奥多拉，他迫不及待地想娶她。但是，当时的法律规定，具有元老院身份的人不能与舞女结婚，于是他废除该法律并迎娶了狄奥多拉。

"尼卡暴动"时，面对企图弃城逃跑的查士丁尼一世，狄奥多拉皇后河东狮吼道："与其逃跑，不如帝袍加身地死。"可见，狄奥多拉皇后是他的得力内助。

查士丁尼一世是一个拼命三郎，人称"不眠皇帝"。他不分昼夜地治理国家大事，不断完善首都君士坦丁堡等各城市的公共设施。据说，他统治时的君士坦丁堡生活着60万人，一派繁荣景象。他用数年的时间重新修建了由君士坦丁的儿子修建，之后在"尼卡暴动"中被烧毁的圣索菲亚教堂，使其成为融合罗马及基督教等各种元素的大教堂。

查士丁尼一世死后，帝国由于长年征战等原因出现了财政困难，雪上加霜的是，与波斯萨珊王朝的战火再起，边境地区又受到外族入侵。意大利半岛的领土重新被日耳曼人抢了回去，帝国版图越来越小，公元1453年被奥斯曼帝国消灭。

查士丁尼一世实施的政策并非都给当时的百姓带来了实惠，但他大力发展的君士坦丁堡经过奥斯曼帝国的治理，至今仍非常繁荣，稳居土耳其最大城市的宝座。他呕心沥血编纂的《罗马法大全》至今仍支撑着全世界的法律。

这些文化上的丰功伟绩使这位皇帝得以蜚声古今东西。

帝王篇 微观世界史

唐太宗
善于纳谏的天下共主

唐是继隋之后的中国统一王朝。隋仅延续了短短37年,唐却繁荣了289年之久。为唐奠定了基础的是李世民、即第二任皇帝唐太宗。

唐太宗年轻时作为军事战略家辅佐其父,当了皇帝之后,他在内政、外交两个方面都发挥出了卓越的才能。其转折点是骨肉相残,他自己也承认这个污点。为了抹掉这个负面形象,唐太宗在治国理政时兢兢业业为民造福。

<生卒> 公元598年—公元649年
<在位> 公元626年—公元649年
唐

推动犹豫不决的父亲起兵

　　自秦始皇至清朝灭亡，中国大陆王朝不断兴衰更替，由历朝历代的皇帝治国理政。其中，作为中国历史上屈指可数的名君，首推之一就是唐太宗李世民。

　　李世民生于隋文帝杨坚统治时的598年，是当时在重要城市太原任职的李渊（后来的唐朝开国皇帝唐高祖）的次子。

　　公元220年东汉灭亡之后，历经三国时期、晋、南北朝时期，隋统一了中国大陆。南北朝时期数个王朝鼎立，李渊的祖父李虎是其中一个王朝西魏的大将军。

　　据说李虎出生于武川镇（现内蒙古境内），隋文帝之父杨忠出身于守备武川镇的军阀世家，李家与隋王室都是鲜卑、北方民族或者与其关系密切的汉族后裔。

　　此外，李渊之母与隋文帝之妻是姐妹，也就是说，李渊是隋第二代皇帝隋炀帝的表兄。由于这种出身及血缘关系，李渊被委以要职，作为皇帝的代理人守备太原。

　　隋朝末年，隋炀帝实行苛政，各地纷纷起义。李渊原本是镇压起义的一方，公元617年，他自己却起兵反隋。当时，李渊迟迟拿不定主意，是李世民推了他一把。

　　关于当时的经过，有这样一个故事。当时，太原有一座行宫，为了预备隋炀帝巡幸，住着几个漂亮的宫女。李世民与行宫官员设计了一个圈套，让宫女们站在周围侍候李渊喝酒。这种行为对于皇帝的臣下是零容忍的，无路可退的李渊只好下定决心起兵反隋。不过，这个故事写在唐太宗令人编纂的《高祖实录》之中，所以，有人认为唐太宗令人在写的时候故意夸大了其父的优柔寡断及他自己当机立断的魄力。

杀兄杀弟得到的下任皇帝宝座

李渊率领叛军向隋朝首都长安挺进，控制了隋炀帝之孙隋恭帝（杨侑）。然后，李渊半带强迫地逼隋炀帝让位于隋恭帝（隋炀帝当时逃到了扬州），他自己坐上了辅佐皇帝的唐王之座。公元618年，隋炀帝被家臣杀害，隋恭帝将政权移交给李渊（唐高祖），拉开了唐王朝的大幕。

李世民在唐朝建立霸权的过程中发挥的作用是指挥军队，据说他的战术主要如下：

首先，在进攻目标的附近修建要塞，然后躲在里面等待包围了要塞的敌人消耗实力，待敌人元气大伤之后趁机出要塞，同时发起进攻。他将持久战与突击战巧妙结合，把割据一方的敌对势力打得落花流水。

李世民积极辅佐父亲，声望越来越高，这引起了某个人的不满，这个人就是其亲哥哥李建成。李建成担心被李世民抢走太子的宝座，便与最小的弟弟李元吉共谋暗杀李世民，但这个计划被李世民知道了，于是公元626年在进长安皇宫的路上将他俩杀害（玄武门之变）。唐高祖眼看无力钳制李世民，于事变2个多月之后退位，唐王朝第二任皇帝唐太宗上位了。

有种说法认为，《高祖实录》及《太宗实录》中故意夸大了李建成及李元吉干的坏事，这是为了将唐太宗的行为洗白。同样，还有种说法认为，唐高祖之所以退位也是因为被李世民幽禁并篡夺了帝位。

德川家康也爱不释手的《贞观政要》

历史上不乏残杀骨肉至亲当上了皇帝的事情，但通过这种方式当上皇帝之后却得到了名君之称号的人寥寥无几。

据说唐太宗一生都为杀兄篡位之事耿耿于怀。唐太宗为了抹掉杀兄杀弟这个污点，兢兢业业地实行良政善治。

唐朝几乎全面继承了隋朝的制度，部分修改并实施了科举制度。虽然在官员录用上贵族依然处于优势地位，但在制度上开创了一条不拘一格降人才的道路。

唐太宗积极招贤纳士，完善了作为主要行政机关的三省六部，建立了律令国家，巩固了中央集权体制。另外，他还减轻了百姓的赋役负担及刑罚，引进了均田制及租庸调制，改革了税收体系。

除了这些内政措施之外，谈到唐太宗时必不可少的是他的政治气魄，正是这种政治气魄使他得到了名君的称号。唐太宗绝不一意孤行，做决定时总是广开言路，察纳雅言。

有这样一则故事。当上第二任皇帝不久时，唐太宗问近臣房玄龄和魏征："创业与守成孰难？"也就是说，建立新的国家与国家的持续发展，哪个更难？

一直侍于唐太宗左右的房玄龄回答说创业更难，而新来不久的近臣魏征则回答说守成更难。唐太宗沉思片刻之后说道："玄龄与吾共取天下，出百死，得一生，故知创业之难。征与吾共安天下，常恐骄奢生于富贵，祸乱生于所忽，故知守成之难。然创业之难，既已往矣，守成之难，方当与诸公慎之。"

魏征原是李建成的部下，唐太宗喜欢其耿直的人品，于是提拔为近臣。据说，魏征承担着身先士卒向唐太宗进谏的重任。

唐朝时设置谏官一职，可以畅所欲言地向皇帝提意见。

唐太宗统治时，实施民本政治，社会繁荣稳定，于是取当时的年号称为"贞观之治"。

唐太宗死后，吴兢编写的书籍《贞观政要》里收集了很多与上面那则故事类似的唐太宗与近臣们的一问一答，日本的源赖朝及德川家康等为政者都把这本书奉为治国理政的圭臬。

外族赠予的天下共主的称号

唐太宗在外交方面的功绩有通过丝绸之路与西方各国开展贸易。

当时的唐朝与北方游牧民族东突厥处于敌对状态。公元630年，唐太宗趁东突厥内讧将其消灭，并将其附属的各个部族纳入唐朝的统治之下。然后，他继续向现在的新疆维吾尔自治区及西藏自治区一带派遣大军，相继将高昌、焉耆、龟兹等作为丝绸之路要冲纳入了唐朝的势力之下。唐太宗得到了游牧民族的承认，被赠予了表示天下共主之意的"天可汗"的称号。天可汗来源于突厥语、蒙古语，意指天下共同的君主。

唐朝的统治范围西达里海附近，阿拉伯、波斯以及罗马帝国的货物纷纷涌入唐朝。这个时期是世界历史上东西交流最为活跃的时期，唐朝也由此实现了经济及文化的腾飞。据说，8世纪的长安拥有100万人口，是世界上最大的城市。

对日交流日益活跃

唐朝也理所当然地影响到了日本。日本自公元630年起派遣了十多批遣唐使，然后以他们带回来的知识为基础建构了《大宝律令》及公地公民制等各项国家框架性的制度。平城京及平安京也是仿照唐朝首都长安兴建的。此外，自唐朝传入日本的还有佛经及乐器、药、历学等。总之，遣唐使带回到日本的货物及技术五彩纷呈。

唐太宗虽然成功统治了西域，但东征却不顺利。当时，朝鲜半岛上，高句丽、百济、新罗三国鼎立，高句丽与百济联手打压新罗。

公元644年，新罗向唐朝求援，唐太宗不顾重臣反对决定向高句丽出兵。后来，他御驾亲征，但全被高句丽军击退，于是只好撤兵。这场远征高句丽之战可谓唐太宗在政治上为数极少的一个败笔。

在唐代初期经过丝绸之路远赴他国的人之中，有一个人名叫玄奘，他是《西游记》中描写的三藏法师的原型。玄奘为了研究佛教远赴摩揭陀国（现印度东部），在当地学习梵文，把657部佛经带回了唐朝。

唐之前的各个王朝或偏重佛教，或偏重道教，或偏重儒教，并将之用于国策。唐太宗却对此不偏不倚，在接见玄奘时约定举全国之力支持玄奘的事业。

玄奘将余生奉献给了自己从天竺带回来的佛经的翻译，对佛教文化的传播及发展做出了巨大贡献。

唐朝的暂时灭亡

唐太宗晚年为继承人问题忧心忡忡。他与正室长孙皇后育有李承乾、李泰、李治3个儿子，其中，李承乾品行不端，李泰性格怪异，李治（唐高宗）当上了第三任皇帝。但是，唐高宗敦厚的性格导致其皇后武曌掌握了权力。

武曌就是后来的武则天，她在日本也家喻户晓，被称为则天武后。她原本是唐太宗的侧室，因为她聪明伶俐，坊间出现了"武氏将取代李氏掌握天下"的流言蜚语，因而失去了唐太宗的宠爱。这时，李治看上了武曌，唐太宗死后，他不顾周围人的反对纳武曌为侧室。

很快爬上了正室之位的武曌逐渐暴露出了其一直深藏着的野心。她先后废黜了唐高宗死后继承了皇位的、自己的亲生儿子唐中宗（李显）、唐睿宗（李旦），并于公元690年亲自登基当上了皇帝，改国号为周。人们通常把武则天视为毒妇的代表，但武周时，国内相对比较稳定，所以到了现代，有人认为应该正确评价其作为为政者的能力。不过，武氏天下仅维持了一代就结束了，政权重新回到了李氏手中。

后来，第六任皇帝唐玄宗（李隆基）以贞观之治为榜样治国理政，开创了被称为"开元之治"的中兴气象。但是，唐玄宗在统治的后半阶段迷恋后妃杨贵妃，大肆纵容杨氏家族，导致贵族间的斗争日益激化。公元755年，"安史之乱"爆发，被称为节度使的地方军阀拥兵自重，唐朝的中央集权制开始走向瓦解，公元907年唐朝灭亡。

唐太宗在位时的年号贞观持续了22年，这在因为一些细微的变化，每隔几年就要改变年号的唐朝是十分罕见的。政治家、历史学家司马光编纂的史书《资治通鉴》在描述这个时代的社会状况时写道："海内升平，路不拾遗，夜不闭户，商旅野宿焉。"

我们不能盲目相信史书上描写的人物形象,但唐太宗给唐朝带来了稳定和繁荣是不容置疑的事实。百姓讴歌和平,所以国内外很多为政者都把他奉为治国理政的楷模。

微观世界史 帝王篇

查理大帝

重视教会和学校的"欧洲之父"

公元5世纪西罗马帝国解体之后,西欧小国林立,兵荒马乱,是活跃于公元8世纪后半叶至9世纪初的法兰克王国的查理大帝再次统一了西欧。

查理被称为"欧洲之父",其丰功伟绩不仅包括重整河山,还包括保护天主教教会,用罗马帝国的通用语拉丁语推广基督教文化。他的这些举措给后来的西欧留下了什么呢?

<生卒> 公元742年—公元814年
<在位> 公元768年—公元814年
法兰克王国

为了将篡夺王位正统化而捐献领土

公元 476 年，西欧废除了西罗马皇帝之位，但形式上仍保留着罗马帝国的行政制度和各地的教会组织。西哥特王国、勃艮第王国等日耳曼族的小国林立，法兰克族的克洛维于公元 418 年在高卢（现在的法国）北部地区建立了墨洛温王朝。

法兰克族约占高卢总人口的 5%，是少数派，因此，为了顺利进行统治，克洛维皈依了基督教，与教会合作。

进入公元 8 世纪后，克洛维家族开始衰败，其臣下加洛林家族掌握了法兰克王国的实权。公元 732 年，加洛林家族的查理·马特在高卢西北都尔与普瓦提埃之间的战役中击败了入侵西欧的倭马亚王朝的伊斯兰势力，从此名声大振。

查理·马特之子丕平于公元 751 年强迫主君希尔德里克三世退位，他自己即位之后开创了加洛林王朝。为了将篡夺来的王位洗白，丕平取得了以罗马教皇为中心的教会的支持，作为答谢，他将从统治着意大利半岛西北部的伦巴第王国抢来的领土献给了教皇厅，开创了后来西欧各地遍布着教会领地的先河。

法兰克族的习惯是领地分割继承（诸子均分）。公元 768 年，丕平死后，其子查理和查理曼两兄弟分别继承了 1/2 的领土。

他们兄弟不和，但公元 771 年，查理曼猝然离世，查理在取得了其弟之臣的同意之后，稳定了政权，独主天下。

上演了一场加冕"二人转"

查理大帝的全名就是查理，加上大帝这个尊称之后，法语称为 Charlemagne，德语称为 Karl der Große。

查理所属的加洛林王室的名称就是查理家族的意思，这个名称并不是源于查理大帝本身，而是源于其祖父查理·马特的名字。

查理统治时，大部分时间都忙于在西欧各地南征北战。公元774年，他征服了伦巴第王国。公元778年，他远征伊斯兰教倭马亚王朝统治下的伊比利亚半岛。虽然没有取得累累战果，但为了震慑倭马亚王朝统治的地区，他设立了西班牙边境区。

查理的劲敌是居住于现德国北部的撒克逊人。他们没有作为核心的国王，少数部族掀起的抵抗运动此起彼伏。

不久，查理统治了除大不列颠岛（现在的英国）、伊比利亚半岛之外的旧西罗马帝国的大部分领土。东罗马帝国（拜占庭帝国）的皇帝君士坦丁六世提出与大权在握的查理之女结亲，但也许是因为查理舍不得放女儿走，这门亲事化为泡影。从查理的家庭情况来看，他的妻妾多达9名，根据英国18世纪历史学家吉本所著的《罗马帝国衰亡史》记载，他的私生活糜烂不堪。

查理大帝一方面与东罗马帝国保持着距离，另一方面又与以罗马教皇为中心的教会关系密切。当时，在东罗马帝国，以君士坦丁堡为根据地的东方正统教会很有势力。因为对教义的解释及传教方针不同，所以，在君士坦丁堡与罗马之间存在着一条鸿沟。

公元726年，东罗马帝国的皇帝利奥三世颁布《禁止崇拜偶像法令》，导致东西教会之间的矛盾日益尖锐，教会于是找到查理寻求庇护。西罗马帝国解体之后，西欧有些地方还没有主教，查理于是在整个法兰克王国都安排了主教。

公元800年的圣诞节（12月25日），正在罗马访问的查理由教皇利奥三世加冕当上了罗马皇帝。据说，查理跪在教会祈祷时，罗马教皇将一顶皇冠戴在了他的头上，受到了百姓热烈的欢呼庆祝。但实际情况是，在前一年，利奥三世因为教皇厅发生内讧而被赶出了罗马时，查理救了他，于是两者之间就帝位达成了秘密协议。

在王国推广小写字母

在查理的丰功伟绩之中，对后世具有重大意义的是被称为加洛林文艺复兴的文艺振兴政策。

公元785年，查理令神学家阿尔昆创办了宫廷学校。查理通常不住在主都亚琛，而是南征北战，他的仗打到哪里，哪里就是教室。当时，即使是王公贵族，也很少有人读书识字。宫廷学校里不仅有贵族的孩子，也有老百姓的孩子，成绩优秀者，不问出身都可以得到重用。他还令各地教堂及修道院开设了培养神职人员的学校。

阿尔昆出身于隔海相望的大不列颠岛。此外，包括伊斯兰教势力圈的流亡者在内的大批人才从意大利半岛等五湖四海涌来。将他们联系在一起的共同信仰是《圣经》，他们互相以《圣经》中人物的名字为绰号称呼对方，例如将查理称为大卫。

在宫廷学校可以学到历史、天文学及建筑学、战术论等各个领域的知识，核心课程是拉丁语。法兰克王国是一个拥有法兰克族、撒克逊族、罗马人的后裔、南欧的哥特族等民族的多民族国家，为了把这些民族团结起来，拉丁语成了通用语。顺便说一下，东罗马帝国把希腊语作为官方语言，而不是拉丁语，所以它与西欧在文化上愈行愈远。

希腊、罗马时代的书籍原来只有 2000 册的抄本，查理大帝即位之后，新增加了 8000 册，在这个过程中，字体及书写格式法得到了统一，小写字母就是查理统治时发明的。

再次统一东西罗马帝国的壮志未酬

公元 5 世纪西罗马皇帝成为空位之后，东罗马认为自己就是罗马帝国，所以对于东罗马帝国而言，查理的加冕好像当头一棒。

当时，东罗马帝国的皇帝君士坦丁六世尚未成年，其母伊琳娜掌握着实权，是事实上的女帝。但教会不同意这种做法，仍然将皇帝视为空位。伊琳娜在东罗马帝国树敌过多，地位岌岌可危，所以，有人建议通过查理与伊琳娜结婚的方式实现东西帝国的统一，但由于伊琳娜下了台，此事也就不了了之了。

公元 802 年，新登基的东罗马皇帝尼基弗鲁斯一世宣布不承认查理的加冕，因此与法兰克王国发生了战争。在这场战争中，查理占领了东罗马帝国势力圈下濒临亚得里亚海的威尼斯、达尔马提亚，后又将其完璧归赵，作为交换条件，对方同意他称皇。

查理因此实现了西欧的重组，比利时历史学家皮朗认为，伊斯兰势力统治了地中海沿岸，西欧才得以从东罗马帝国脱离出来。他指出："没有穆罕默德，就没有查理。"

不过，为了牵制东罗马帝国，查理与伊斯兰势力的阿拔斯王朝建立了外交关系，把在战争中抓到的俘虏作为奴隶出口等，双方贸易往来频繁。他还允许基督教教徒前往中东耶路撒冷进行朝拜。

查理的宫廷学校里聚集了许多来自东罗马帝国势力圈地

区的人才，由此可见，当时的西欧并不是与世隔绝的。

再次分裂之后依然保留下来的共同文化

公元813年，查理加冕自己的儿子路易（路德维希一世）为共同统治者。第二年，查理驾崩。路德维希一世驾崩之后，公元843年《凡尔登条约》将法兰克王国的疆域一分为三。

长子洛塔尔继承了中法兰克王国，三子路德维希二世继承了东法兰克王国，小儿子查理二世（秃头查理）继承了西法兰克王国。洛塔尔死后，公元870年《墨尔森条约》将中法兰克王国北部地区分割为东、西法兰克王国，剩下来的南部成了后来的意大利、东法兰克王国成了后来的德国、西法兰克王国成了后来的法国的雏形。

顺便提一句，1995年之前，负责欧盟运营的欧盟理事会总部一直设在比利时布鲁塞尔市的查理大帝大厦之内。可以说，多民族国家的法兰克王国就是如今欧盟的雏形。

西欧再次统一虽然仅持续了查理和路德维希一世两代人数十年的时间，但是在这段时期内，拉丁语及基督教这些共同的文化给西欧各民族带来了统一的意识。星期天休息、在教会举办婚礼等基督教的习俗也得到了广泛普及。

另一方面，查理虽然强迫萨克森族等被自己征服了的地区的人改信基督教，但依然保留了其固有文化。查理加冕成为罗马皇帝不仅复兴了西罗马帝国，而且象征着日耳曼人建立了一个新的西欧文化圈。

微观世界史 帝王篇

哈伦·拉希德
将东西方连接起来的"行正道者"

　　现在横跨北非与中东、东南亚的伊斯兰文化圈地域辽阔，人口多达约16亿。无国界游牧民族阿拉伯族的商人将东西方连接起来建立了阿拔斯王朝，为伊斯兰文化圈的形成奠定了基础。
　　《天方夜谭》（又名：一千零一夜）中的出场人物哈伦·拉希德将阿拔斯王朝带入了鼎盛时期。他治国理政时，通过大量文献留下了从东罗马帝国吸收来的希腊文化，对中东及至西欧学术文化发展产生了极大的影响。

<生卒> 公元763年—公元809年
<在位> 公元786年—公元809年
阿拔斯王朝

积极接纳奴隶及外族的王朝

在公元 7—15 世纪的中世纪，与西欧相比，伊斯兰文化圈在经济、军事及文化方面都占据上风。公元 8 世纪，法兰克王国的查理大帝从建有外交关系的阿拔斯王朝收到了大象、香辛料、香油等贡品。面对数不胜数的贡品，查理大帝惊讶地说道："东方空了，西方满了。"之所以送上这么一份大礼，是因为阿拔斯王朝鼎盛时期的哈里发哈伦·拉希德想炫耀自己凌驾于西欧之上的实力。

在中东，公元 3—6 世纪时，波斯萨珊王朝极尽荣华，居住在阿拉伯半岛的阿拉伯族不过是萨珊王朝统治下的一股势力。但是，公元 610 年，贸易商穆罕默德创立了伊斯兰教，伊斯兰教团建立了以阿拉伯族为主的国家。

穆罕默德的继承人称为哈里发，至第四代哈里发为止，都是选举产生的，公元 661 年，倭马亚家族建立了世袭哈里发的倭马亚王朝。支持第四代哈里发家族的什叶派因此脱离了作为伊斯兰教团主流的逊尼派，波斯后来将什叶派作为国教。

伊斯兰教宣扬信徒之间的平等，但倭马亚王朝采取了阿拉伯族中心主义，所以遭到了波斯人等非阿拉伯族的强烈反对，公元 750 年倭马亚王朝灭亡，阿拔斯王朝诞生。

阿拔斯家族是穆罕默德叔父的后裔，阿拔斯王朝第 2 代哈里发曼苏尔的母亲是北非出身的奴隶，所以他试图废除阿拉伯族中心主义，实现多民族和谐发展。曼苏尔还在底格里斯河畔精心规划建设了一座具有圆形城墙的城市巴格达，并将其作为首都替代了倭马亚王朝的首都大马士革。

在《天方夜谭》里登场

哈伦是阿拔斯王朝第三代哈里发马赫迪的三子,和曼苏尔一样,他的母亲原来也是奴隶。伊斯兰教习惯把让奴隶取得身份自由作为美德,所以很多奴隶后来都大有作为。不过,哈伦自己迎娶了堂妹祖拜达以显示曼苏尔的血统。

哈伦在与东罗马帝国(拜占庭帝国)军队的战斗中取得了丰硕的战果,被授予"拉希德"(行正道者)的称号。其父死后,其兄哈迪继位,但不久猝然离世,哈伦登上了第五代哈里发的宝座。

收集了很多中世纪中东各地民间故事的《天方夜谭》里有不少故事是以鼎盛时期的阿拔斯王朝为背景展开的。在这本书里,哈伦经常带着大臣贾法尔和带刀侍卫马斯鲁尔掺和到老百姓碰到的麻烦里去。《天方夜谭》虽然是虚构的作品,但这两个随从却是真实人物。

在内政方面,哈伦委任名门巴尔马克家族的叶海亚为宰相,叶海亚的儿子、同样为哈伦卖力的就是贾法尔。重用波斯出身的巴尔马克家族反映出了阿拔斯王朝不由阿拉伯族独掌大权的特点。但是,巴尔马克家族后来由于权倾天下而于公元803年受到了肃清,据说负责执行的就是那个带刀侍卫马斯鲁尔。

哈伦分别于公元797年、803年、806年3次远征东罗马帝国,都大获全胜。

与此同时,法兰克王国的查理大帝因为与东罗马帝国矛盾重重而与阿拔斯王朝建立了友好关系。除了罗马帝国的金币之外,法兰克王国还大量流通着从阿拔斯王朝传入的银币。

世界最大型国际化都市之荣华富贵

哈伦即位时，首都巴格达除了阿拉伯人之外，还有犹太人、波斯人及北非的柏伯尔人，是一个车水马龙的国际化大都市，人口据推测达到了100万—200万人。与此同时期的东罗马帝国首都君士坦丁堡只有约30万人口，巴黎及罗马还不到10万人。中世纪的巴格达可谓与唐朝首都长安并驾齐驱的世界最大城市。

公元796年，哈伦将自己日常居住的城堡搬到了现在叙利亚北部的拉卡，不过，作为行政和商业中心，巴格达依然热闹非凡。

给当时的阿拔斯王朝带来了繁荣的是连接东西方的贸易网。阿拉伯族的商人活跃于北非、地中海、印度洋、中亚，在唐朝的广州也建了阿拉伯人居住区。在巴格达，人们通过丝绸之路从东方进口丝绸、陶瓷、纸张等，然后再出口到东罗马帝国等西方国家；从西方进口香料、玻璃器皿等出口到东方。

公元751年，在中亚的塔拉斯河畔，阿拔斯王朝与唐朝军队发生了冲突。据说，在这场战争中抓获的唐朝俘虏传授了以麻为原材料制作纸张的造纸法，前面提到过的贾法尔的哥哥法德尔令人将公文由纸莎草或羊皮纸换成了纸，由此出现了大量的书籍。为了振兴文化，哈伦令人将埃及亚历山大图书馆收藏的东罗马帝国的天文学、数学、建筑学、哲学、医学等文献翻译成阿拉伯语，这些成果后来都收藏于巴格达的智慧宫内。

文艺复兴蓄势待发

包括哈伦统治时期在内的公元8—9世纪，阿拔斯王朝非常繁荣，但在其广袤的国土上，各地逐渐出现了独立的苗头。公元10世纪，北非成立了法蒂玛王朝，伊比利亚半岛成立了后倭马亚王朝，因此出现了包括阿拔斯王朝在内，3个哈里发三足鼎立的局面。

进入公元11世纪之后，西欧各国向中东发动了十字军战争，屡次入侵阿拔斯王朝及法蒂玛王朝。中东各地先后出现了来自中亚的土耳其族建立的塞尔柱王朝、击退了第三次十字军东征的库尔德族人萨拉丁建立的阿尤布王朝等非阿拉伯系的伊斯兰王朝。公元13世纪，来自东方的旭烈兀率领蒙古大军来袭，于公元1258年消灭了阿拔斯王朝。

至16世纪为止，掌握着地中海与印度洋贸易网的伊斯兰文化圈依然保持着凌驾于西欧之上的优势。在哈伦统治期间，由于普及了用纸张书写的书籍，中东保存的古希腊学术后来反哺西欧，为文艺复兴奠定了基础，对欧洲历史产生了重大影响。

哈伦给世界带来了不可估量的影响。在统治的鼎盛时期，他通过丝绸贸易为东西方文化交流搭建了桥梁，并为伊斯兰文化发展成为横跨北非与东南亚、包括众多民族在内的大文化圈奠定了基础。

微观世界史
帝王篇

阿尔弗雷德大帝
击退维京海盗、知书达理的豪杰

  有史以来,不少民族渡过大海来到现在英国的大不列颠岛,城头变幻大王旗,人间正道是沧桑。公元9世纪,面对维京海盗的不断挑衅,阿尔弗雷德大帝勇敢站了出来。

  阿尔弗雷德不仅在军事上取得了成功,还大力完善了法律及教育,巩固了英格兰这个国家的根基。

  下面,我们来深入挖掘一下阿尔弗雷德由国王走向大帝的原因。

<生卒> 公元849年—公元899年
<在位> 公元871年—公元899年
威塞克斯王国

罗马帝国与日耳曼人的入侵

日本人把位于欧亚大陆西北、北部海域的大不列颠岛及爱尔兰岛的部分地区构成的岛国称为英国。英国是由英格兰、威尔士、苏格兰、北爱尔兰等构成的联合王国，其正式名称为大不列颠及北爱尔兰联合王国。

和日本一样，英国也是一个岛国，但其与大陆的最短距离只有30多公里，所以自古以来就容易受到外族入侵。公元9世纪，阿尔弗雷德大帝击退了来袭的维京海盗，从此名声大振。

古时候，大不列颠岛上住着不列颠人，位于英格兰南部的巨石阵遗址据说就是不列颠人于公元前2500—公元前2000年的新石器时代修建的。

到了公元前650年左右，凯尔特人从中欧来到大不列颠岛安营扎寨。凯尔特人会使用金属武器及战车，但没有文字，以称为德鲁伊特的祭司为核心信仰自然。

这时，在欧洲大陆势力越来越大的罗马帝国给大不列颠岛带来了变化。公元前55年、公元前54年，恺撒两次作为罗马共和国的将军入侵大不列颠岛。100年之后的公元43年，转向了帝政的罗马将大不列颠岛南部收为行省。

罗马帝国以泰晤士河北岸的伦敦为中心进行统治，在城市内修建了法院、上下水管道及浴场等，当地人逐渐与罗马融为一体。

公元4世纪末，随着所谓的日耳曼人大迁徙，盎格鲁人、撒克逊人、裘特人入侵大不列颠岛，无力抵抗的罗马驻军于公元407年彻底撤回了大陆。其后，盎格鲁人等在大不列颠岛建立了7个王国来统治凯尔特人。

这 7 个王国分别是盎格鲁人在大不列颠岛北部苏格兰洼地建立的诺森布里亚、默西亚、东盎格利亚王国，撒克逊人在南部建立的埃塞克斯、萨塞克斯、威塞克斯王国及裘特人在东南部建立的肯特王国。

这 7 个王国不断你争我斗，不久，默西亚和威塞克斯王国占据了上风。公元 829 年，威塞克斯国王爱格伯特进攻默西亚，统治了泰晤士河以南地区。一般认为，英格兰王国就是这个时候诞生的。

英格兰这个名称来源于盎格鲁人的土地。

阿尔弗雷德大帝之前的英国历史

时代	事件
公元前 2500—公元前 2000 年	不列颠人修建巨石阵。
公元前 650 年左右	凯尔特人从欧洲大陆迁来定居。
公元前 55 年、公元前 54 年	恺撒率领罗马大军入侵，凯尔特人臣服。罗马开始称凯尔特人为不列颠人。
公元 43 年	罗马皇帝克劳狄乌斯将大不列颠岛南部收为行省。
公元 120 年左右	罗马皇帝哈德良建造横跨大不列颠岛的长城。该长城后来长期被作为南部英格兰与北部苏格兰的分界线。
公元 407 年左右	由于受到盎格鲁人、裘特人及撒克逊人的进攻，罗马帝国放弃大不列颠岛行省。
公元 7 世纪左右	日耳曼盎格鲁·撒克逊人在大不列颠岛南部建立了 7 个王国（七国时代）。

维京海盗船木版画

与维京海盗展开拉锯战及讲和

公元 8 世纪末，大不列颠岛碰到了新的入侵者，他们是来自现在的挪威及丹麦的维京海盗（古代斯堪的纳维亚人）。

刚开始的时候，维京海盗用舰队袭击沿岸之后就打道回府，并不占领，但后来逐渐定居于爱尔兰的达布林、大不列颠岛的约克及大陆方面的鲁昂，并把这些地方当做了根据地。

公元 865 年，维京海盗正式入侵英格兰。因为不习惯用马打仗，东盎格利亚和诺森布里亚转眼就被占领了。当时，七国已经被整合成了 4 个国家，因此只剩下了默西亚和威塞克斯两个王国。

其中，威塞克斯因为受到维京海盗的攻击而丢失了大部分国土。在这种困境下，公元 871 年，爱格伯特之孙阿尔弗雷德继位当上了威塞克斯国王。

当上了国王的阿尔弗雷德为了夺回英格兰，首先想到的是提高军事实力。他效仿维京海盗用马匹建立了机动部队，在各地建设要塞。然后，征用周围的农民从事军务，半年轮换一次。他还通过嫁女儿的方式与宿敌默西亚结为同盟。

阿尔弗雷德率领装备精良的王国联军与维京海盗展开了拉锯战，在这个过程中，默西亚灭亡了。

公元 878 年，阿尔弗雷德在爱丁顿战役中击溃维京海盗，大获全胜，并于公元 886 年收复了曾经是埃塞克斯王国主要城市的伦敦。然后，阿尔弗雷德与维京海盗签订了《威德摩尔合约》，双方约定，维京海盗统治北部丹麦法区（从伦敦北部至约克南部一带），阿尔弗雷德统治其南部。阿尔弗雷德的这场大捷将英格兰从灭亡的危机中拯救了出来。

从趣闻轶事看大帝的人格魅力

关于阿尔弗雷德，英国流传着这样一则妇孺皆知的故事。故事发生在阿尔弗雷德被维京海盗打败落荒而逃的途中。

阿尔弗雷德隐瞒身份躲进了一个农民家里。那家女主人嘱咐阿尔弗雷德盯着别让面包烤煳了，他接受了这个任务。但是，他在烤炉前沉思着击退维京海盗的对策，结果面包烤煳了。看到黑乎乎的面包，女主人怒发冲冠，暴打了阿尔弗雷德一顿。这时，其手下来了，在亮明了国王的身份之后，女主人吓得脸色惨白，一个劲地谢罪。阿尔弗雷德却说道："是我自己没有守约，是我不对。"他承认了错误，并未责备女主人就跟着手下走了。由此可见，阿尔弗雷德不仅勇猛果敢，而且豁达大度。

战争结束之后，阿尔弗雷德开始致力于国家复兴。他大力恢复、保护因为战乱而衰退了的文化及学术，建立学校。他40岁之后开始学习拉丁语并将《圣经》翻译成了古英语等。为了彰显自己的治国理政，他还令人编写了《阿尔弗雷德大帝传》《盎格鲁·撒克逊编年史》等。

在法制方面，他在重视习惯法的同时，还制定了独具特色的法律《阿尔弗雷德法典》。这部法典强化了王权，规定国王可以自己裁量制定法律。

公元886年，阿尔弗雷德收回伦敦之后，留在英格兰的维京海盗逐渐与国民融为一体。

阿尔弗雷德死于公元899年，威塞克斯家族统一英格兰是其孙埃塞尔斯坦那一代的事情。公元1002年，阿尔弗雷德的后裔埃塞尔雷德二世大肆屠杀国内的斯堪的纳维亚（诺尔曼）人，丹麦国王斯韦恩一世大怒之下率兵进攻英格兰，公元1013年，威塞克斯王朝灭亡。不过，阿尔弗雷德的血脉并未中断，一直延续到了现在的英国王室。

虽然彰显其丰功伟绩的文献出自于自己之手，但阿尔弗雷德确实击退了维京海盗，建立了撒克逊人的统一国家，为后来的英国奠定了根基。从这一点来看，阿尔弗雷德无愧于大帝这个称号。

微观世界史
帝王篇

奥托大帝
利用并振兴教会组织的帝国

　　东法兰克王国的国王奥托一世由于为罗马教皇两肋插刀而当上了意大利国王，进而登上了延续800多年之久的神圣罗马帝国第一任皇帝之位。

　　当上了皇帝的奥托一世为了利用罗马天主教教会牵制国内诸侯，与教会建立了密切的关系。但是，这种关系后来在皇帝与罗马教皇之间引起了大祸。

<生卒> 公元912年—公元973年
<在位> 公元962年—公元973年
神圣罗马帝国

神圣罗马帝国的诞生

公元 8 世纪末，意大利人将阿尔卑斯以北使用日耳曼系语言的人称为 theodisci（民众），后来 th 变成了 d，于是出现了德国这个国名。日常使用德语的人开始意识到自己是德国人是公元 10 世纪的事情，当时恰好是奥托一世统治的时期。

重整了西欧的查理大帝死后，法兰克王国进入了其子路德维希一世时代，后来便一分为三。

其中之一的东法兰克王国，受国王委托的王室成员或者贵族等豪强诸侯统治着萨克森族、巴伐利亚族及法兰克尼亚族等部族居住着的土地。

公元 911 年，路德维希二世在没有继承人的情况下死去，东法兰克王国的加洛林王朝绝嗣。诸侯决定选举产生新国王，最终选出来的是法兰克尼亚公爵康拉德（康拉德一世）。

公元 918 年，康拉德一世驾崩，与查理大帝没有血缘关系的萨克森公爵亨利当选为国王，亨利之子又于公元 936 年当选为新国王，他就是后来当上了皇帝的奥托一世。

由罗马教皇加冕

奥托一世当选为新国王是因为受到了外敌威胁。

公元 9 世纪左右，东法兰克王国虎落平阳，北面受到诺尔曼人、东面受到亚洲马扎尔人的屡次进犯，城市和教会被摧毁，烧杀抢夺不止。面对这种情形，奥托一世的父亲亨利一世击退了马扎尔人，向盼望着雄主的诸侯展示了其实力。

奥托一世也没有辜负诸侯的期待，公元 955 年在莱西费尔德战役中大败马扎尔人，从此以后，马扎尔人再也没有入侵过东法兰克王国。

马扎尔人后来定居匈牙利平原，接受了基督教，成了匈牙利人的祖先。

莱西费尔德大捷从异教徒手中保护了基督教社会，奥托一世由此名声大振。

此外，奥托一世在罗马教皇约翰十二世的请求下率军远征意大利北部，打败了侵略教皇领地的伊布雷亚边境伯爵。

奥托一世还当上了意大利国王。确立了意大利统治权的奥托一世于公元962年由罗马教皇约翰十二世加冕为罗马皇帝，这意味着他成了基督教世界的守护者。

人们一般认为，奥托一世的这次加冕标志着神圣罗马帝国的开端。

顺便提一下，奥托一世在帝位时自称为皇帝奥古斯都，其子奥托二世及接下来的奥托三世都使用罗马人的皇帝奥古斯都这个称号。

利用教会进行统治

为了统治豪强诸侯，奥托一世从担任东法兰克王国国王时代起就充分利用了与诸侯势力没有关系的教会组织。

日耳曼民族社会认为教会是教会建立者的私人财产。亨利一世和奥托一世父子都规定本国内的教会属于国王，由国王掌握神职人员的叙任权（任命权）。他们向教会捐献土地，或者给予特权并提供保护，让自己亲手提拔的神职人员在任职地拥有权力，从而达到控制诸侯的目的。这项政策称为帝国教会政策，从始于亨利一世的萨克森王朝一直沿用到了接下来的萨利安王朝。

围绕神职人员叙任权问题，神圣罗马皇帝与罗马教皇越来越势不两立，公元1077年发生了皇帝向罗马教皇屈服的"卡诺莎之辱"事件。其后，双方于公元1122年签订了《沃尔姆斯宗教协定》，规定了罗马教皇的叙任权，发端于奥托一世的叙任权争端终于画上了句号。

神圣罗马皇帝任命禁止结婚的神职人员担任国家主要行政官员，其目的在于防止通过世袭得到的权力越来越大。另外，神职人员都是知识分子，精通公文处理，从而提高了行政效率。

在帝国下培养出来的共同意识

为了统治强烈希望自治的意大利各个城市，奥托一世积极出兵讨伐。

公元973年，奥托一世驾崩，其继承人奥托二世28岁就早逝了。奥托一世之孙奥托三世3岁登基当上了皇帝之后，积极推进波兰的基督教化。但是，奥托三世膝下无子，于21岁早逝了。其堂兄亨利二世继位之后又于公元1024年在没有继承人的情况下去世，从亨利一世开始传承了5代的萨克森王朝宣告结束。

当选为接下来的萨利安王朝（法兰克尼亚王朝）第一任皇帝的康拉德二世是奥托一世的女儿路易贾德的血脉。萨利安王朝一方面得到了勃艮第，从而扩大了版图；另一方面，叙任权争端愈演愈烈。

在奥托一世的意识里，神圣罗马帝国是查理大帝的法兰克王国的再次复兴,因此,其国名当初称为帝国。神圣罗马帝国这个国名普及开来是在公元13世纪中叶,国名中带有"神圣"二字的原因有两点:一是当时人们认为皇帝受到神的恩宠被授予王位,是神圣的存在;二是当时罗马教皇的权力仅限于意大利。

东法兰克王国虽然是各个部族国家集中而成的,但在奥托一世时代,人们因为共享德语、帝国教会政策、独立选举国王等制度及文化而开始出现了国民意识。

公元15世纪之后,神圣罗马帝国皇帝一直由哈布斯堡家族的人担任,他们不再依赖罗马,而以德国国民的神圣罗马帝国自称。因此,其领下的民众萌发了作为德国国民的身份意识。但是,德国这个国家的诞生还要等到公元19世纪。

奥托一世通过团结国内的诸侯向后世展示了德意志联邦共和国这个国家的模型,人们向这个留下了丰功伟绩的皇帝赠予了大帝的称号。他虽然死了,但奥托大帝这个称号永存。

微观世界史
帝王篇

亨利二世
通过继承和联姻得到广袤领土

公元12世纪中叶,英格兰诺曼王朝绝嗣,法国安茹伯爵即亨利二世作为新的英格兰国王开创了金雀花王朝。

亨利二世通过联姻继承了法国西部的广袤土地,占据这片横跨法国西南部、大不列颠岛、爱尔兰岛的西欧最大领土的王国也被称为安茹帝国。亨利二世还完善了法律制度,为英国的各项制度奠定了基础。

<生卒> 公元1133年—公元1189年
<在位> 公元1154年—公元1189年
英格兰王国

来自法国的征服王

公元1066年是英格兰历史上具有特殊意义的一年。这一年，维京海盗的后裔诺曼底公爵威廉横渡英吉利海峡攻入英格兰，在打倒了盎格鲁·撒克逊系的英格兰国王哈罗德二世之后，随即登基成为英格兰国王威廉一世，开创了诺曼底王朝（诺曼征服）。

威廉一世把负隅顽抗的盎格鲁-撒克逊贵族的土地收走送给手下的诺曼贵族统治，建立了封建制度。他对英格兰的土地进行丈量之后，建立了土地簿，确保了税收的稳定，巩固了统治。

在诺曼底王朝时代，盎格鲁-撒克逊文化与外来诺曼人的拉丁语文化相互融合，国民使用的古英语中引进了许多古法语的词汇，还兴建了诺曼风格的温彻斯特大教堂及达勒姆大教堂，伦敦塔也是这个时候作为要塞修建的。

通过继承和联姻扩大了领土

威廉一世死后，王位交给了四子威廉二世、五子亨利一世。后来，其孙斯蒂芬即位。斯蒂芬出身于法国贵族布洛瓦家族，是布洛瓦王朝唯一的一代国王。

花开两朵，各表一枝。亨利一世有个女儿名叫玛蒂尔达。玛蒂尔达原本是神圣罗马帝国皇帝亨利五世的皇妃，皇帝死后，改嫁给了领地在现在法国中部安茹的安茹伯爵杰弗里，生下了作为继承人的安茹伯爵亨利（即后来的亨利二世）。

安茹伯爵亨利长大之后娶了阿基坦女公爵埃莉诺，这位女公爵拥有相当于现法国西南部的广阔领土。因此，安茹伯爵亨利在原有领地安茹及诺曼底的基础之上又拥有了阿基坦的领土，一跃成为法国国内最大的领主。另外，安茹伯爵亨利以自己身上具有祖父亨利一世的血脉为理由要求继承英格兰王位，与斯蒂芬分庭抗礼。

当时，围绕着英格兰王位继承权的内战正酣，斯蒂芬为治国理政忙得焦头烂额。由于继承人暴病而亡，斯蒂芬与安茹伯爵亨利签订了《温彻斯特条约》，约定斯蒂芬终生为王，死后由亨利继承王位。

《温彻斯特条约》签订1年之后，斯蒂芬国王驾崩，诺曼底王朝谢幕。

根据上述条约，安茹伯爵亨利于公元1154年12月加冕为英格兰国王，作为亨利二世开创了金雀花王朝（安茹王朝）。

金雀花来源于安茹家族的纹章金雀花（一种豆科落叶灌木）。

领土比国王还大的臣子

因为当上了英格兰国王，亨利二世统治的区域涵盖了大不列颠岛及爱尔兰岛、欧洲大陆的安茹及诺曼底、布列塔尼、阿基坦。由于其领土远远大于当时只有巴黎周边是直辖地的法国国王，故又被称为安茹帝国。

虽然拥有如此广袤的领土，但在法国国内，亨利二世依然是法国国王的臣子。再加上，亨利二世的王妃埃莉诺是法国国王路易七世的前妻，所以他与法国的关系越来越错综复杂。

这层关系后来也演变成了英法之间围绕法国王位及领土

于公元1339年打响了第一枪的"百年战争"的导火索。

据说,亨利二世的一生几乎都是在法国度过的,他在英国仅住了13年左右,说话也说法语。

亨利二世即位之后,为了重振因为内战而百废待兴的英格兰,进行了多项改革和立法。

为了使内战朝着对自己有利的方向发展,斯蒂芬及玛蒂尔达将土地和权力分给了大领主,地方官员因此受到领主的钳制,百姓饱受压迫。

为了保护饱受压迫的地方百姓,亨利二世废除了几个地方官员的官职。另外,为了限制领主审判权,他制定了陪审员制度,由中央派遣法官团对地方重要事项进行裁决,并成立了巡回法庭将百姓的诉求传达给国王。他还设立了行政长官及财务府,稳固了行政体系。

亨利二世进行的一系列司法改革成了中世纪之后英格兰统治的基础。

领土分配导致内战爆发

亨利二世和埃莉诺生了5个儿子、3个女儿。但到了晚年时,亨利二世与埃莉诺同床异梦,两人剑拔弩张,同时他与儿子之间也因为领土继承问题吵得不可开交。

其长子早夭,作为接班人加冕的次子幼王亨利与亨利二世一起出任共治君主。

然而,公元1173年,亨利二世却想把应该由幼王亨利继承的安茹的部分土地送给五子约翰。幼王亨利大怒之下起兵谋反,后来,三子理查和四子杰弗里也加入了进来,甚至连埃莉诸也插手了。法国国王路易七世及法国诸侯、苏格兰的威廉一世也都支持幼王亨利。

约翰是埃莉诺45岁左右才生的儿子，有人认为，在医学技术欠发达的当时，高龄生下的约翰能够长大成人是一件出乎意料的事情。

四面楚歌的亨利二世没有使用贵族，而是重用雇佣兵对军队进行了整编。他之所以能够实现整编是因为他拥有广袤的领土，财力雄厚。他因此转败为胜降服了儿子们及妻子。

公元1183年，继幼王亨利去世之后，杰弗里也死了。亨利二世要求新的继承人理查将阿基坦割让给约翰。

对此，理查联合法国新国王腓力二世于公元1189年向亨利二世发动了战争。不久，约翰也前来增援理查。

看到自己钟爱的约翰背叛了自己，同年7月6日，亨利二世在失意中去世于安茹的希农城堡。

骨肉相残导致帝国分崩离析

亨利二世死后，公元1189年9月，理查即位成为理查一世。他就是妇孺皆知的"狮心王"，这个外号是因为他骁勇善战。

当时，耶路撒冷处于伊斯兰教库尔德人萨拉丁的统治之下。理查一世即位之后立即与腓力二世及神圣罗马帝国的皇帝腓特烈一世发动了第三次十字军东征，试图收复耶路撒冷。

腓特烈一世在远征途中去世，腓力二世打道回府，只有理查一世继续战斗了2年，最后与萨拉丁签订了和约。

远征回国途中，因忌惮安茹帝国，神圣罗马帝国的皇帝亨利六世将理查一世囚禁。在其被囚禁期间，腓力二世趁机占领了诺曼底及都兰等地，与其狼狈为奸的约翰也得寸进尺地觊觎着英格兰王位。

支付赎金重获自由之后，理查一世像一头雄狮一样所向披靡，于公元1198年收复失地并降服了约翰。然而，次年他就因战伤复发结束了自己的戎马生涯，享年41岁。

公元1199年，约翰继位当上了英格兰国王。约翰猜疑心极重，在罗宾汉的故事中被描写成了一个恶贯满盈的坏蛋。

约翰即位后不久就被腓力二世抢走了诺曼底和安茹。约翰无力九合诸侯，在其统治下，往日的安茹帝国领土萎缩，最后只剩下了英格兰本土和阿基坦。

公元1214年，约翰国王在布汶战役中被腓力二世打败。

公元1215年，针对为了筹措军费而不断增税的约翰国王，诸侯和议会提出了《大宪章》。《大宪章》后来成为英国宪法的根基，它明文规定依法治国，禁止国王独断专行地征收苛捐杂税及榨取民脂民膏，规定增税必须征求诸侯、骑士及城市代表的意见并经过讨论。

约翰一度同意了《大宪章》，但很快就撕毁并站到了诸侯的对立面。公元1216年，约翰去世。他因为丢失了大半个江山等大败亏输而被揶揄为欠地王、失地王，所以之后英国再也没有出现过名为约翰的国王。

亨利二世的领土横跨英格兰和法国，被称为安茹帝国。他虽权倾天下，但最大的敌人或许就是他的至亲们。

微观世界史 帝王篇

腓特烈二世

两次被逐出教门的"王座上的第一个近代人"

腓特烈二世是神圣罗马帝国皇帝和西西里公主所生。生长于地中海贸易中心、文化丰富多彩的西西里王国的腓特烈二世,极具旺盛的好奇心。

登上皇位后的腓特烈二世,在罗马教皇的命令下,为从伊斯兰教势力手中夺回耶路撒冷,组织十字军东征。

他采取与以往的十字军不同的方法,最终夺回了耶路撒冷。深谙不同文化之间差异的腓特烈二世,究竟是想出了什么办法呢?

<生卒> 1194年—1250年
<在位> 1220年—1250年
神圣罗马帝国

出生于国际大都市的近代人

19世纪的瑞士文化史学者布尔克哈特评价13世纪的神圣罗马帝国皇帝腓特烈二世为"王座上的第一个近代人"。因为他认为腓特烈二世具有出色的客观判断力和处理事物的能力。而腓特烈二世的这种能力，与养育他的西西里王国有着深厚的渊源。

腓特烈二世是霍亨斯陶芬王朝的神圣罗马帝国皇帝亨利六世和西西里公主康斯坦丝所生。他的祖父是与英国国王查理一世和法国国王腓力二世共同率领第三次东征十字军的神圣罗马帝国皇帝腓特烈一世。

当时的西西里王国的国王，作为罗马教皇的封臣，神圣罗马帝国对其拥有支配权，但西西里王国并不是正式在神圣罗马帝国的统治之下。亨利六世通过婚姻关系得到了西西里王国的王位，神圣罗马帝国从此正式开始统治西西里王国。

西西里王国是一座漂浮在地中海上的小岛，位于意大利半岛西南方向。它是地中海贸易的重要据点，岛上居住着许多伊斯兰教的教徒，融合了东西方文化。

腓特烈年幼丧父，3岁就继承了西西里王国的王位，成为腓特烈二世。他在多文化并存的环境中长大，熟练掌握包括拉丁语、希腊语、阿拉伯语在内的6种语言。同时，他也擅长骑马和枪术。

长期与思想丰富、文化多元的不同人种交流，造就了腓特烈二世的国际视野和理性思考方式，正是这种环境赋予了他"王座上的第一个近代人"的人格。

之后，腓特烈二世在罗马教皇英诺森三世的监护下长大，

1209年他与阿拉贡公主康斯坦丝成婚。1212年，他成为德意志国王，1220年登上神圣罗马帝国皇帝的宝座。

积极接受科学技术创立大学

13世纪，与欧洲相比，伊斯兰社会的科学文明更为发达。通过十字军传来了数学、化学、医学、天文学等阿拉伯科学技术，给欧洲社会带来了巨大的影响。阿拉伯科学也同样影响了腓特烈二世。

据说精通解剖学的腓特烈二世有人体解剖的经验。曾经流传过这么一个小故事，腓特烈二世给阿拉伯医师详细讲解人体构造，让对方惊讶不已。他还做过关于人类语言的实验，把几百名新生儿集中在一个大房间，强令负责照顾婴儿的人在整个过程中不许与婴儿有任何语言交流，最终的实验结果不明。

腓特烈二世于1224年创立了不受罗马教皇掌控的高等学府，即欧洲最初的国立大学——那不勒斯大学。

他把数学家斐波那契和占星师迈克尔·斯科特邀请至巴勒莫的皇宫里工作，大兴学问。

罗马教皇厌恶具有科学思考方式的腓特烈二世，随后在把他逐出教门时，罗马教皇为腓特烈二世定的其中一个罪名就是"不信奉神的家伙"。

对德意志毫无兴趣的德意志国王

虽说腓特烈二世既是神圣罗马帝国皇帝，也是德意志国王，但其一生基本上都是在意大利渡过，在德国生活的时间只有短短9年。

其实，从奥托一世以来的历代神圣罗马帝国皇帝，较之德意志，都更为重视对意大利的统治（意大利政策）。比如腓特烈二世的祖父腓特烈一世，为统治意大利半岛，多次远征意大利却最终未能如愿。因为他遭到意大利北部城市组织成立的"伦巴第同盟"与罗马教皇亚历山大三世的联手反抗。

神圣罗马帝国只能同意意大利北部城市自治。

腓特烈二世也是把德意志的统治放手交给自己的儿子。

但是被封建统治的神职人员和贵族等德意志诸侯心有不满，腓特烈二世与各诸侯签订了《与圣界诸侯的协约》《为保障诸侯利益的协定》等条约。

如此一来，腓特烈二世将本应国王所有的货币铸造、关税征收、审判权等特权，交付各诸侯，借此推动了由诸侯国集合体组成的神圣罗马帝国邦国制进程。

腓特烈二世让步到如此程度也要推进"意大利政策"，是因为他企图在统一意大利后建立地中海帝国。在完成第五次十字军东征后，他开始实际实施这一大计。

兵不血刃、夺回圣地

腓特烈二世与罗马教皇霍诺留斯三世的关系也并不和谐。其中一个原因就是为了夺回耶路撒冷，腓特烈二世原本打算派出十字军东征，但最终却并未出兵。据说是因为腓特烈二世考虑到与伊斯兰社会的关系而没有轻举妄动。

让我们一起回顾一下十字军的东征历程。1096年，以法国诸侯为中心派出了第一次东征军队，成功从伊斯兰势力手中夺回了耶路撒冷，并建立了耶路撒冷王国。接下来的第二次东征以失败告终。第三次东征军声势浩大，由腓特烈二世的祖父——神圣罗马皇帝腓特烈一世、英格兰国王理查一世以及法国国王腓力二世等几位当代君主亲自带领的，但腓特烈一世在途中意外死亡，并且十字军遭到了埃及阿尤布王朝萨拉丁军的顽强抵抗，第三次东征也只能草草收场。理查一世与萨拉丁军签订了讲和条约。第四次东征的十字军在行进中，渐渐失去了最初的目标，最终并未到达耶路撒冷。

也就是说，除了第一次以外，十字军接连以失败告终。

罗马教皇霍诺留斯三世去世后，新教皇格列高利九世对腓特烈二世的一些行为大为光火，做出了将其逐出教门的决定。腓特烈二世惹怒教皇的事，与第六次十字军东征不无关系。就在此时，统治着耶路撒冷的阿尤布王朝，因继承人问题产生争端，陷入了内乱。

1228年，腓特烈二世率领第六次东征十字军从位于如今的叙利亚、耶路撒冷西北部的阿卡登陆。

到达阿卡之后，腓特烈二世与当时统治着耶路撒冷的阿尤布王朝苏丹卡米勒以书信形式沟通。据说是卡米勒为了试探腓特烈二世的人品，率先给腓特烈写了信件。通过这样的方式，卡米勒对精通阿拉伯语、理解伊斯兰文化的腓特烈二世的信赖不断加深，最终两人达成了媾和协议。根据《雅法协议》，基督教徒和伊斯兰教徒可以在耶路撒冷共存，1229年—1239年的十年间，伊斯兰方面将耶路撒冷归还给基督教徒。

协议也考虑到伊斯兰方面的立场，立下了不得进攻圣殿山的规定。腓特烈二世兵不血刃，通过谈判取得了东征的胜利。

1222年，康斯坦丝王妃去世。之后，腓特烈二世与耶路撒冷公主伊莎贝尔二世成婚，他也因此成为耶路撒冷国王。

继承人叛变与第二次被逐出教门

这一具有历史性意义的媾和条约，引起了双方教徒的一片哗然。驻守耶路撒冷的圣约翰骑士团和耶路撒冷总大主教对腓特烈二世采取敌对态度，与此同时，罗马教皇格列高利九世也出兵攻打西西里王国。腓特烈二世急忙赶回西西里击退了教皇的军队。

人们常说，祸不单行。1234年，腓特烈二世与阿拉贡康斯坦丝公主之子——德意志国王亨利七世，以取得了特权的德意志诸侯不听国王命令和不满父亲腓特烈二世纵容德意志诸侯为由，在罗马教皇和"伦巴第同盟"的支援下发动叛乱。

但是，亨利七世没有得到德意志诸侯的支持。腓特烈二世镇压了叛乱，亨利七世在被押送的途中自戕。腓特烈二世趁势攻陷了意大利北部各个城市，在1237年的科特努瓦之战中大败"伦巴第同盟"。

正因如此，当时的教皇英诺森四世宣称开除腓特烈二世的教籍并废除其神圣罗马帝国皇帝之位，这是他第二次被逐出教门。在这种局面下，腓特烈二世依然表示会决战到底，并取得了优势战局。

直到腓特烈二世去世的那年，也就是1250年为止，他与教皇的斗争都没有停息。而他的离世过于突然，民众都不相信。

随后，腓特烈二世与耶路撒冷女王伊莎贝尔二世之子——康拉德四世继承了神圣罗马帝国皇帝之位，但不幸的是，他在

1254年病逝，霍亨斯陶芬王朝再无后继之人。随后的20年间，虽有德意志国王，但是受英格兰和法国的干扰，再无人登上神圣罗马帝国皇帝之位，因此出现了"大空位时代"。

腓特烈二世的精力主要放在意大利方面，他的系列措施最终导致德意志形成诸侯邦国。但是在那个基督教占绝对主导地位的时代，在腓特烈二世允许不同文化共存的宽厚政策之下，神圣罗马帝国迎来了与伊斯兰国家和平共处的局面。

微观世界史 帝王篇

元世祖忽必烈
打造了史上最大版图的游牧民皇帝

成吉思汗统一了蒙古高原的游牧民族，并创立了统治大半个欧亚大陆的蒙古帝国。其孙忽必烈继承了祖父的霸业，积极对包括日本在内的东亚以及东南亚发起远征。

恐怕当今的日本人，对作为"侵略者"的忽必烈印象很深。不过，回首元朝的繁荣盛世，"侵略者"不过只是忽必烈的一个侧影。

<生卒> 1215年—1294年
<在位> 1271年—1294（元朝皇帝）

世界陆地面积的两成以上都由其支配

"元寇"是日本经历的最早一次外国大规模侵略。对日本来说，这是一场前所未有的国难，但是对挥军进攻的元朝皇帝忽必烈来说，这不过是为实现他壮大国家蓝图的一场局部战争。

忽必烈是元朝第一代皇帝，也是蒙古帝国第五代皇帝。蒙古帝国从东亚开始，将势力范围扩展到了中东和东欧，盛极一时，曾支配了世界两成以上的陆地面积。人类史上能超过蒙古帝国构筑的版图的，也只有在海外占据了大量殖民地的大英帝国了。

忽必烈为蒙古帝国带来了全盛时期，但是在他登基之时，蒙古帝国的版图也达到了史上最辽阔。忽必烈家族创下的伟业，为元朝的繁荣奠定了基础。

如今的蒙古国所在地蒙古高原，自古以来就是游牧民族生

忽必烈的象辇木版画

息之地。

这里虽称它们为"国",不过因游牧民族的生活范围并不固定,它们的统治领域也是不固定的。继突厥之后,契丹族的"辽国"、女真族的"金国"等统治着蒙古高原的南部。

而蒙古高原的北部一直没有出现统一国家,蒙古族、土耳其系部落等几个部族间纷争不断。

蒙古帝国第一位皇帝成吉思汗,是蒙古望族乞颜部首领也速该的长子,本名铁木真。父亲也速该被敌对氏族毒杀后,铁木真也一度被囚禁,危机重重。在这种情况下,他渐渐崭露头角。随后,铁木真攻破塔塔尔部、克烈部,大败乃蛮部,终于在1204年统一了蒙古各部族。

成吉思汗手握欧亚大陆的一半以上

1206年,铁木真召集蒙古各部族首领召开忽里勒台会议,被推举为"汗"(意味着"王"),尊号成吉思汗。

如今一般认为,成吉思汗即位之日也就是蒙古帝国的成立之时。"蒙古帝国"译自鲍培氏由蒙古文转写成的罗马字母"yeke-mongghol ulus","ulus"是"聚集的人群"之意。

称"汗"后的成吉思汗开始着手整合部族,导入了"千户制"。"千户"是指按照能够集结1000人左右的兵力整合而成的集体。千户由十个百户构成、百户由十个十户构成。一般担任千户长的是望族的族长或是成吉思汗的功臣。

通过一系列整合,成吉思汗拥有了强大的军事实力,他开始走上向外扩张之路。南边的西夏和金朝最先遭到成吉思汗的攻打,通过此战,他把黄河以北的版图收入囊中。同时,成吉思汗要求和西方各国通商，对花剌子模派遣商队。

但是，花剌子模王朝把蒙古商队视作间谍，并将其杀害。成吉思汗为复仇发起了西征。1219年，成吉思汗亲自率领20万大军进军花剌子模，并迅速取得了压倒性优势。扫除了残余势力之后，蒙古军把势力扩展到了现在的俄罗斯南部地区，将欧亚大陆的一半以上占为己有。

后代各自为营

成吉思汗结束了西征后，再次调兵攻打西夏。1227年在军中病逝，第三子窝阔台成为蒙古帝国第二代皇帝。窝阔台即位后，新创了"可汗"这一相当于皇帝之意的称号。从此明确区分开来了部落首领"汗"，与位列其上权力更大的"可汗"。

如今我们都认为成吉思汗是蒙古帝国第一位皇帝，实际上最开始称帝的是窝阔台。之后，窝阔台的长子贵由、成吉思汗四子托雷的长子蒙哥相继继位。忽必烈是蒙哥的弟弟，托雷的次子。

忽必烈受命于蒙哥，收服了位于如今云南省境内的大理国。之后，忽必烈与蒙哥一起对南宋发起进攻，战事正酣，蒙哥突发疾病身亡。1260年，忽必烈与阿里不哥争夺皇位，最终忽必烈获胜成为第五代皇帝。

这对兄弟之间的斗争给蒙古帝国内的各大"汗国"造成了不小的撼动。成吉思汗的儿子们各自分封领地形成了"汗国"。比如，长子术赤一族为"钦察汗国"首领、次子察合台一族为"察合台汗国"首领、四子托雷一族为"伊利汗国"首领，蒙古帝国位于"汗国"之上。

"汗国"首领中忽必烈的反对者大有人在，元朝西北宗王海都从1260年起就不断发起叛乱，受其影响，各汗国也渐渐脱离蒙古帝国，变成半独立的状态。蒙古帝国（元朝）依然是宗主国，我们可以认为当时的蒙古帝国与这些汗国是一个松散的联合体。

推进汉化政策

蒙古帝国已经统治了中国大部分地区，1271年忽必烈将国号改为元（大元）。

"元"取自中国古籍《易经》中的"大哉乾元，万物资始"，"元"有"天道"之意。元朝之前，中国历代王朝的第一位皇帝，都会以他们最初统治地区的地名作为新王朝的国号。元朝没有遵循这个惯例，是中国历史上第一个从典籍中选取国号的王朝。

与中国之前的各个统一王朝不同，元朝是第一个由非汉族建立的征服王朝。回顾历史，除了中国的统一王朝以外，契丹的辽国、女真族建立的金国等都是征服王朝。辽国、金国都不断在摄取汉民族的文化，元朝也同样，在忽必烈的带领下不断推行汉化政策。

元朝在中央设立了由中书省（行政）、枢密院（军事）、御史台（监察）3个系统组成的统治组织。中书省下辖吏、户、礼、兵、刑、工等实权部门。在地方建立了路、州、府、县的行政区划，并在地方设置了11至12个直接由中央政府管辖的行中书省（行省）。如今，中国行政区划中的省，就源自元朝所设立的行省。

忽必烈还将首都从蒙古高原上的哈拉和林移到蒙古高原南部建立了"上都",作为夏季的首都;还建立了"大都",作为冬季的首都行使职权。大都作为元朝政治经济中心,发展迅猛,是北京的前身。

元朝设置两个首都,这本身也可以反映出忽必烈的国家观:夏天在草原操练骑兵,冬季的重点在增强国力。也就是说,忽必烈渴望的是游牧民族的军事力量和中原大地的经济实力。

为确立商圈做出贡献的色目人

元朝被西方史学家称为征服王朝,根据民族和出身地的不同,元朝的国民主要分为以下4类:由蒙古族和土耳其族等游牧民族组成的"蒙古人"、来自中西亚、西亚洲和欧洲地区的"色目人"、曾在金国统治下的"汉人"、曾顽强抵抗忽必烈的进攻却还是于1279年灭亡的南宋王朝统治的"南人"。

重用这其中的"色目人"可以说是元朝的一个显著特点。对位于高原上的蒙古族来说,与其他民族的交易是生活的基本需求,成吉思汗时代,蒙古高原通过穆斯林商人与西域地区积极通商。到了忽必烈时代,将名为"斡鲁脱克"的穆斯林商人团体归入元朝政府,在权臣阿合马及桑哥的管理之下从事贸易、高利贷、征税等相关业务。

蒙古帝国(包括各大汗国在内)的陆地交通网在窝阔台时期已经较为成熟,道路上每隔20—40公里就设置驿站,备有千匹骏马。忽必烈对于海上交通也十分重视,因此带动了杭州、广州、泉州等港口城市的发展。其中,泉州被确立经过东海、南海、印度洋、红海到达地中海的"海上丝绸之路"的起点城市。同时，在处于内陆地区的大都修建河港，如积水潭港（如今变成了什刹海的一部分）。他通过一系列的措施，形成了以大都为物流终点的庞大商业圈。

值得一提的是，蒙古帝国面向国内所制定的经济政策——发行"交钞"。1260年，沿袭宋代纸币政策，忽必烈发行了国内唯一的法定通货——中统元宝交钞。最初它用于与白银兑换，渐渐地可直接交易，在国内广泛流通。

为统治人口众多的元朝，忽必烈采取重商主义的治国方针，通过扩大交易规模来富国强民，稳定民心。任用其他民族的官员，也如实反映出忽必烈具有过人的国际视野。

我们再来看看元朝的对外策略，也许是由于元朝与位于西边的各大汗国的联系不再那么紧密的原因，元朝对他国的进攻仅限于向东亚和东南亚地区。1279年，忽必烈灭南宋。随后，他出兵日本。东征日本失败后，元军又转向进攻越南的占婆王国和陈朝、缅甸的蒲甘王朝、爪哇岛的新柯沙里王国等，最终彻底征服的只有蒲甘王朝。

实际上，元军远征东南亚的真正目的，并不是为了征服这些地区，而是为了开辟新的贸易路线。如今，东南亚地区之所以有这么多的伊斯兰国家，就是因为在元朝时，大量的穆斯林商人踏上了这块土地。

通货膨胀和饥荒导致社会动荡

1294年，79岁的忽必烈离世，这在当时是罕见的高寿。

虽然他生前大力实行汉化政策，在法治这一块儿，却废除了律令制，导入不成体系的蒙古族惯例作为国内法。在皇位继承上也沿袭在忽里勒台大会上决策的传统，其结果是导致皇族之间围绕皇位产生权力斗争。

当时，朝廷中官僚大臣不正之风横行的同时，宫中奢靡的生活给财政造成巨大的压力，为了缓解这一局面，政府大量发行"交钞"，导致通货急速膨胀。祸不单行，此时国内还发生了大面积的饥荒，并且黑死病在全球传播，种种因素的杂糅之下，元朝风雨飘摇。

民众的极度不满迫使他们揭竿而起，1351年白莲教徒发起红巾军起义。朱元璋（明太祖）便是其中领导者之一，随后朱元璋追击元军至北方大漠，元朝在蒙古高原上以"北元"的名义存续下来，直到1635年才完全灭亡。

元朝统治中国大陆只有短短97年。其中，忽必烈统治时期也不过23年。令人惊叹的是，他竟然能在如此短的时间内将元朝和元大都分别打造成为"世界中心"和"世界之都"。可以说忽必烈替祖父成吉思汗实现了他称霸世界的野心。

微观世界史
帝王篇

永乐帝
建立华夷秩序　重新构建中国

取代元朝统治中国大陆的明朝，是时隔近百年后再次登上历史舞台的汉族统治者王朝。永乐帝在沿袭父亲朱元璋的独裁体制的同时，也践行了自己的政策，创造了明朝最繁荣的时代。

永乐帝对近邻诸国亲自率兵攻打，对远方国家派遣使节访问，增加明朝的朝贡国，并以前所未有的规模开展海外远征。当时，他到底想把中国打造成什么样的一个国家呢？让我们一起来看看。

<生卒> 1360 年—1424 年
<在位> 1402 年—1424 年
明

汉族建立的王朝才是世界的中心

现在北京市的地标建筑紫禁城（故宫）是明清两朝的皇宫，它是由明朝第 3 位皇帝——永乐帝在 1420 年建成的。紫禁城建好后，北平改名为北京，永乐帝构筑了如今的北京城的基础。

永乐帝出生于 1360 年，当时中国大陆还在元朝统治之下。元朝是蒙古族创立的征服王朝，汉族人民对其高压统治政策苦不堪言，人人心怀民族光复的夙愿。

这种心愿是基于"中华思想"和"华夷秩序"的传统思维。自古以来汉民族将自己统治的王朝定位为世界的中心（中华），将周边文化程度较低的其他民族看作"夷狄"，并且根据这些

紫禁城

民族分布的方向分类为"东夷""北狄""西戎""南蛮"。

永乐帝最终建立了这种"华裔秩序",也就是:将汉族的皇帝作为宗主立于中国至高无上之位,未开化的其他民族服从汉族。

与侄子反复较量后争得皇位

永乐帝的父亲朱元璋(后来的洪武帝)出身农民,历经考验,登上皇位。回顾漫长的中国历史,出身农民的皇帝也仅有汉高祖刘邦和朱元璋。刘邦生于较为富裕的农家,朱元璋却是真正的一贫如洗的农家子弟,年少时为了生计曾出家为僧人。

朱元璋加入了1351年由白莲教发起的红巾军叛乱,并崭露头角,成为起义军的头领。他将元军赶回北方,在他的大本营应天府(现在的南京)建立明朝,登上皇位的朱元璋尊号洪武帝。据说"明"这个国号来自白莲教的分支——摩尼教的别名:明教。

洪武帝是一位疑心很重的君主,他在位31年间,因谋反嫌疑被处决的大臣及其家族,总人数达到数万人。但是对于自己的亲生儿子们,他信赖有加,精心栽培。

洪武帝一生有26个儿子,其中的25人都被分封各地。当时,燕国作为抵抗北元(元朝皇室退居漠北后形成的独立政权)蒙古骑兵的最前线,在国防上具有举足轻重的地位。洪武帝封诸子中最骁勇善战的四子朱棣为燕王。

朱元璋封长子朱标为皇太子,而朱标却不幸早逝。洪武帝朱元璋驾崩后朱标二子朱允炆继承皇位,史称建文帝。新君年幼,大权旁握。分封各地的亲王都肩负着危机时刻保护幼帝的职责，只是这种职责被幼帝左右的亲近大臣视为隐患。洪武帝驾崩后不久，大明陷入一片混乱，建文帝的叔叔们——周王、岷王、齐王等接连被废。

燕王感觉到大难临头，他在1399年先发制人，借口要清除朝廷里的奸佞官员，发动军事进攻。也就是要"靖"皇室之"难"，后世称此战为"靖难之役"。

建文帝虽在兵力等各方面占据优势，却难逃颓败的命运。其中有一个重要原因是洪武帝时期处决了大量亲近大臣，导致建文帝身边没有得力助手。传说，建文帝在被焚烧的宫殿的熊熊大火中自尽。随后燕王即位，史称永乐帝。

扶持皇帝的内阁大学士和宦官

登上皇位的永乐帝效仿父亲，立马着手清除周边大臣。效忠于建文帝的著名儒学家方孝孺拒为永乐帝书写登基诏书，朱棣大怒，诛方孝孺九族并加上其门生，共处决873人。从朱棣的行事作风，我们也能看出他继承了父亲暴烈的性格。

洪武帝生前为强化独裁体制，废除了元朝行政·军事最高机构——中书省，和大都督府的最高长官一职（相当于宰相），相关机构由皇帝直接管理。永乐帝也沿袭了这个方针。这样一来，数以万计的政务由皇帝一人来处理也并非易事，永乐帝为解决这一难题，任命了7位辅佐官协理政务。这些辅佐官被称为"内阁大学士"，这是如今日本等国实施的内阁制度的起源。

与父亲洪武帝不同，永乐帝重用宦官。"靖难之役"正是有宫中宦官为永乐帝提供情报，才能获胜。深谙宦官重要性的永乐帝，在对军队及官僚的监督、外交使节等不涉及决策权的各项事务中启用宦官。

但是，随着明朝的发展，宦官的话语权越来越强，最终导致明末内阁大学士与宦官之间剑拔弩张之势。

扩大册封体制的覆盖范围

永乐帝对扩张领土野心勃勃。他从1410年开始到1424年病逝之前5次亲征蒙古。永乐帝是中国历史上唯一一位踏入蒙古高原的汉族皇帝。

永乐帝采取远交近攻的外交政策，对邻近各国武力侵略，派宦官远赴东南亚和西亚各国，劝说这些国家向中国朝贡。各国通过朝贡的方式，得到中国对各国君主统治地位的认可，这种"册封体制"可以看作是华夷秩序的具体表现形式。

明朝与日本之间的日明贸易（勘合贸易）也是一种朝贡形式的贸易。永乐帝对自己篡位一事惶惶不安，日本尊其天子之位令永乐帝大悦。永乐帝赐予室町幕府第三代将军足利义满"日本国王之印"，并向日本颁发勘合符，允许日本以属国的名义对明朝进行朝贡贸易。足利义满去世时，明朝派使节前往日本吊唁，追封谥号"恭献王"。以洪武帝、永乐帝冠名的"洪武通宝""永乐通宝"通过勘合贸易流向日本，促进了室町时期日本货币经济的发展。

时代的先驱——郑和大航海

在永乐帝推行的对外政策中最广为人知的当数"郑和下西洋"了。郑和是一名穆斯林宦官，在"靖难之役"中立了大功，其祖先是侍奉过忽必烈的色目人。西洋国家中信奉伊斯兰教的不在少数，派郑和前往再合适不过了。

1405年—1433年，郑和七下西洋，目的在于宣扬明朝国威、扩展海外贸易。第一次是从太仓县刘家港出发途经中南半岛、爪哇岛、苏门答腊岛、锡兰岛到达了印度的加尔各答。第四次下西洋时，郑和派出的分遣船队到达了波斯湾沿岸的忽鲁谟斯及非洲大陆东岸的港口城市麻林迪。

跟随郑和船队到达明朝的麻林迪特使，为永乐帝献上一头长颈鹿。中国有麒麟祥瑞的说法，预示着明君当道。长颈鹿与中国画中所绘的麒麟极为相似，麻林迪特使特意不远万里将其献给永乐帝。民众听说传说中的灵兽竟真有其物，惊叹不已，永乐帝更是龙颜大悦。

根据欧洲人的学说，大航海时代开启于15世纪中期，葡萄牙人探险家达·伽马1498年从西欧经海路抵达印度，这一壮举驰名世界，永载史册。但实际上，郑和下西洋是途经印度到达了非洲大陆，从各种意义来看，都领先于随后到来的大航海时代。

郑和船队由大小200艘船组成，每次航海成员总数达到3万人。郑和的外交政策是，对于拒绝朝贡的国家，马上武力征服，所以每次出海，士兵也不可或缺。第一次下西洋时应马六甲王国的恳求，郑和船队讨伐了在马六甲海峡兴风作浪的海盗团伙。因此，东西要冲马六甲海峡的安全性大大得到改善，欧洲各国也因此更为频繁地出入东亚地区。

建立华夷秩序导致国库亏空

活跃的外交政策带来了显著效果。明朝的朝贡国从洪武帝时期的17个国家增加到30多个国家。可以说已经实现了永乐帝想构建的华夷秩序。但是明朝也为此付出了巨大的代价——国库告急。

册封体制并不是以获取利润为目的的，最初是为了提高宗主国皇帝的威信。宗主国需要赐给朝贡国的物品，相当于朝贡国贡品的价值数倍。这对于明朝来说是一笔很大的损失。因此，在永乐帝去世后，册封体制的规模自然而然缩小了。

16世纪末期，明朝接连发生"哱拜叛变""朝鲜之役""杨应龙叛变"，史称"万历三大征"，这一系列事件使得明朝财政状况急转直下。祸不单行，朝廷上官僚阶级政治集团"东林党"与宦官的矛盾日渐激化，明朝政府逐渐失去民心。明朝末年，李自成领导农民起义，1644年起义军涌入皇宫，明朝皇帝朱由检（崇祯帝）自缢身亡。至此，统治中国276年之久的明朝退出历史舞台。

明朝的衰退与永乐帝去世后，再没能出现一个强有力的执政者不无关系。虽说如此，这也并没有影响明朝作为亚洲盟主的地位。永乐帝建立了华夷秩序，这一伟业，在亚洲中世纪史上永放光芒。

微观世界史
帝王篇

苏莱曼一世

对异教徒宽容有加　鼎盛时期的奥斯曼土耳其帝国

中世纪后期，被地中海和印度洋包围的西亚地区的领导权，从阿拉伯族交到了土耳其族手里。奥斯曼土耳其帝国不仅接管了东罗马帝国（拜占庭帝国）打造的国际都市君士坦丁堡（现在的伊斯坦布尔），还将从北非到东欧乃至阿拉伯半岛的大片领土，都纳入其统治之下。

第十代皇帝苏莱曼一世保护基督教和犹太教徒、不问国籍种族任人唯贤，创造了多文化和谐共存的帝国，在他的领导下，奥斯曼土耳其帝国迎来了鼎盛时期。

<生卒> 1494 年—1566 年
<在位> 1520 年—1566 年
奥斯曼土耳其帝国

兴于中亚称霸中东

一说到伊斯兰文化圈的国家，大多数人都会想起中东国家。其实，现在在希腊、保加利亚、罗马尼亚、塞尔维亚等国家，都保存着大量16—18世纪建造的伊斯兰建筑。奥斯曼土耳其帝国（也称奥斯曼帝国）的苏莱曼一世是这个时代最具代表性的君主之一。

土耳其人原本兴起于中亚，虽然与南边的阿拉伯半岛的阿拉伯人同为游牧民族，语言体系却截然不同。

11世纪，在之后成为了奥斯曼帝国中心的安纳托利亚半岛，阿拔斯王朝的哈里发卡伊姆，授予土耳其领袖图格里勒·贝格苏丹（掌权者）的称号，图格里勒建立了塞尔柱帝国。随后，在伊斯兰世界，作为宗教领袖的哈里发，其权威与日俱下，而掌控着强大军事实力的苏丹实际上成了君主。

塞尔柱帝国一边与东罗马帝国（拜占庭帝国）对抗，一边积极学习其文化。在13世界末期，塞尔柱帝国还是难逃衰败的命运，奥斯曼当时是塞尔柱帝国封地的一位首领，他扛起土耳其人的大旗，建立了奥斯曼帝国。

奥斯曼帝国在地中海沿岸扩张势力范围，第7代苏丹穆罕默德二世于1453年征服了东罗马帝国。他将其首都君士坦丁堡改名为伊斯坦布尔，作为奥斯曼帝国的首都；将至今仍位于伊斯坦布尔市内的，曾是东罗马帝国东正教教堂的圣索菲亚大教堂，改为清真寺。

穆罕默德二世自称为亚历山大大帝的继承者，是一位具有广阔国际视野的君主。他给予帝国境内的基督教徒、犹太教徒信教自由，不问民族、种族，任人唯贤。

年轻的奥斯曼帝国的势头，犹如破竹。穆罕默德二世的孙子塞利姆一世征服了马穆克王朝，将伊斯兰教圣城麦加收入囊中。

塞利姆一世的儿子便是苏莱曼一世。苏莱曼的名字来源于登上了《旧约圣书》、创造了古代伊斯兰最繁荣时期的所罗门王（阿拉伯语叫苏莱曼）。

与基督教国之间亦敌亦友

当时的奥斯曼帝国为了防止争夺王位发生纷争，皇帝即位后会立马处决自己的兄弟。但是塞利姆一世去世时，苏莱曼一世并没有其他兄弟，他在一片祥和中登上了皇位。到了16世纪，帝国渐渐将处决手足，改为把他们幽禁在城内。

1520年即位的苏莱曼一世，一生中进行了13次亲征。在1521年，他首次出征，进攻匈牙利帝国的贝尔格莱德（现在的塞尔维亚首都）；第二年，他将十字军的一支圣约翰骑士团，驱逐出安纳托利亚半岛沿岸的罗兹岛。

当时，苏莱曼一世最强大的对手就是兼任着西班牙国王的神圣罗马帝国皇帝查理五世。他们围绕东欧和地中海的主导权问题纷争不断。

1529年，奥斯曼帝国派出12万大军，包围了当时神圣罗马帝国的首都维也纳，最终为了避免陷入长期作战的局面，不得已在冬季撤军。1535年，苏莱曼一世与法国国王弗朗索瓦三世结盟，携手对抗神圣罗马帝国。

法国虽然是基督教国家，但当时处于被西班牙和神圣罗马帝国两面夹击的境地，与奥斯曼帝国结盟是不得已而为之。

除此之外，奥斯曼帝国为削弱神圣罗马帝国的势力，还对尼德兰（荷兰）等地的新教徒进行支援。

在那个时期，把伊斯兰教什叶派作为国教的萨非王朝掌控波斯。苏莱曼一世将他们赶走，并以伊斯兰教逊尼派守护者的身份自居，确保了在宗教上的权威。1534年，他远征波斯占领的巴格达，逐渐将势力范围扩大至阿拉伯半岛和北非地区。

实现全境统一的商业服务

在苏莱曼一次又一次远征中，陪伴左右的精锐部队是"奥斯曼近卫军"。这个军团主要由从东欧远征来的、身份为奴隶的基督教徒构成，但是他们作为直属皇帝管辖的精英，接受了良好的教育，并配备了当时（16世纪）在世界范围内都称得上先进的铁炮。

当时欧洲的军队一般是鱼龙混杂，而"奥斯曼近卫军"个个都是精兵强将，管理规范、整齐划一。

从塞利姆一世开始，不断亲征既是扩张领土的策略，也是为了维持近卫军军备和士气。到了后期，亲征成为国库亏空的重要原因。

苏莱曼一世将在地中海兴风作浪的海盗巴巴罗萨·海雷丁（红胡子）编入奥斯曼帝国海军，在1538年的普雷维萨海战中，他大败由罗马教皇国、西班牙帝国、威尼斯共和国的船只组成的舰队，确保了奥斯曼帝国对地中海地区的统治。不仅如此，奥斯曼帝国海军还控制着面向阿拉伯半岛的红海沿岸，把印度洋贸易权也牢牢握在手中。

苏莱曼一世不仅在军事上雄才大略，还在帝国全境实施各种行政法得到高度评价，因此被叫做"立法者"。

他不仅明确规定了地方官僚在征税和异教徒自治上的权限，还认可土耳其族以外的民族的习惯法，并明文制定商法及民法。他详细规定各种商品的流通和商店经营方式，禁止商人和地方官员暗箱操作、中饱私囊，确保消费者在帝国境内任何地方，都能享受到统一的服务。

保护异民族国民　重用基督教改宗者

帝国的首都伊斯坦布尔是一个国际大都市，这里的四成居民都是基督教或者犹太教徒。从这一点可以看出，苏莱曼一世致力于保护国境内的异民族、异教徒。在基督教文化圈中，多次掀起对犹太教徒的大规模迫害，而在奥斯曼帝国却从未发生这种情况。土耳其族和其他被统治民族间的冲突仅限于个人层面。苏莱曼一世规定，对帝国境内的东正教信徒，不论种族，一视同仁。这样一来，希腊人、塞尔维亚人、保加利亚人之间的纷争也逐渐平息了。

奥斯曼帝国的当权者中，有不少是由基督教改信伊斯兰教的。政治家中，时任苏莱曼一世太平盛世时期大宰相的伊卜拉欣·帕夏、后期担任大宰相的索克鲁·穆罕默德·帕夏、作为主设计师设计了无数寺院和学校的米玛·锡南，原本都是信奉基督教的"奥斯曼近卫军"。

伊斯坦布尔市内的苏莱曼清真寺，是在1557年建成的，这是米玛·锡南建筑生涯的代表作。它因高为53米的巨大圆顶而闻名，现在位列世界遗产名录。

据说苏莱曼一世的妻子克罗赛娜姆（许蕾母）原本也是信

苏莱曼清真寺

奉基督教的斯拉夫人。他还支持活跃于奥斯曼的诗人、建筑家等知识分子的文化活动，并且每周五的伊斯兰教礼拜时，他会命人在清真寺设置食物发放处，提供大量的食物，因此他深受老百姓爱戴。

多民族复合体组成的开明帝国

15—17世纪，地中海与印度洋交易大权在握，这为奥斯曼帝国带来了巨大的繁荣。但是，在1566年苏莱曼一世离世的同时，世界的贸易中心转移到了大西洋。苏莱曼一世在位时，法国是奥斯曼帝国的同盟国，法国商人在帝国享有种种通商特权，其中也包括治外法权。但是随着欧洲列强在军事和经济势力上都处于上风，这些特权也被列强滥用于在奥斯曼的势力扩张。

奥斯曼帝国是一个开明的多民族复合体。这与土耳其人原本就是没有国境概念的游牧民族，不无关系。但是到了19世纪，各民族的民族意识高涨，"希望将各自拥有的土地明确划分"的国民国家概念广泛传开。因此，同属于奥斯曼帝国统治下的东欧各国和阿拉伯国家之间的独立运动日渐激化。与此同时，同为多民族复合体的清朝也面临着汉族、蒙古族及维吾尔族的反政府运动。

19世纪，希腊、保加利亚等东欧国家纷纷独立。1914年，第一次世界大战爆发，奥斯曼帝国因英国、俄罗斯等国组成的联合军的进攻而元气大伤。1922年，凯末尔·阿塔图尔克发起"土耳其革命"，至此，在历史舞台上活跃了600多年的奥斯曼帝国落下帷幕。

苏莱曼一世陵墓

苏莱曼一世　对异教徒宽容有加　鼎盛时期的奥斯曼土耳其帝国

虽然奥斯曼帝国时期的大片疆土已不再归于如今的土耳其共和国，但是它通过积极导入各项西洋文化，如在公用语中使用英文字母书写、彻底实行政教分离等，来促进国家发展。这种灵活接受外来文化的态度，可以说还是苏莱曼一世的统治时期的传承。

微观世界史 帝王篇

腓力二世
用信仰驾驭的"日不落帝国"

  在南美、北美大陆及世界各地都拥有大面积殖民地的西班牙自称为"日不落帝国"。在腓力二世的统治下,西班牙迎来了鼎盛时期。

  西班牙通过从新大陆获取的利益,组建了强大的"无敌舰队"。腓力二世是虔诚的天主教信徒,他治理国家的方针也与天主教思想密不可分。在这一方针的指导下,西班牙不断对外扩张殖民地,同时,这个国家的发展走向也愈发清晰。

<生卒> 1527年—1598年
<在位> 1556年—1598年
西班牙王国

收复国土海外扩张

西班牙王国诞生之前，伊比利亚半岛长期被伊斯兰势力所统治。最初，公元前3世纪，半岛是由罗马（共和政期—帝政期）统治，到了公元418年，日耳曼族系在此建立了西哥特王国。之后，伊斯兰势力从非洲大陆入侵，导致西哥特王国在711年灭亡，半岛一带落入了伊斯兰势力手中。756年，摆脱了阿拔斯王朝统治的倭马亚王朝一族，随后建立了倭马亚王朝。

之后，基督教徒致力于旨在夺回伊比利亚半岛的"收复国土运动"。多年不懈抗争的结果是，在半岛上出现了阿拉贡王朝、卡斯蒂亚王朝等基督教国家，渐渐将伊斯兰势力逐出半岛。

到了13世纪，半岛上的伊斯兰国家只剩南部的纳斯里德王朝。随着阿拉贡王朝和卡斯蒂亚王朝合并成为西班牙王国，1492年，纳斯里德王朝被西班牙所灭。至此，前后历时800年的"国土收复运动"圆满落下帷幕。

通过经营殖民地获得战争经费

随着大航海时代的到来，西班牙为海航家们提供了丰厚的资金。1492年，哥伦布正是在西班牙的资助下到达了美洲新大陆。西班牙以基督教布教为由，向南美派出征服者，统治了南美大部分地区。

1504年，出身于著名的哈布斯堡家族的腓力（腓力一世）成为卡斯蒂亚王朝国王。他的儿子卡洛斯登上西班牙国王王位（卡洛斯一世），同时兼任罗马帝国皇帝（查理五世）。卡洛斯一世为了获取与法国和奥斯曼帝国开战的军费，积极推进殖民地政策，南美的金银被大量运往西班牙。西班牙之所以被称为"日不落帝国"，是指无论什么时候总能在领土上的某个地方看到太阳升起。16世纪晚期，西班牙已经大致实现了"日不落帝国"的蓝图。

南美输入大量金银导致西班牙国内出现了急剧的通货膨胀。与此同时，宗教改革导致新教徒问题凸现、奥斯曼帝国确立在地中海的地位、哈布斯堡家族与法国王族的对立等一系列影响到整个欧洲局势的大事件也接二连三地发生。

就在这复杂的局面中，1556年卡洛斯一世将王位让给了自己的儿子腓力二世。

政务室里的"文件王"

为西班牙带来了黄金时代的腓力二世，是卡洛斯一世与葡萄牙伊莎贝尔公主的长子，出生于西班牙当时的首都巴利亚多里德。

腓力二世勤勉踏实，只是不善于向人敞开心扉，工作上比较教条主义。他继位后推进了将权力集中于国王的"绝对王权制"进程。他向包括南美在内的位于世界各地的殖民地派遣副官，委托他们统治管理殖民地，而自己却一心待在政务室处理文件，因此腓力二世被称为"文件王"。

当时的西班牙一直没有确定首都，腓力二世将位于西班牙中部、交通便利的马德里定为首都。

他也是一位狂热的天主教徒，致力于将西班牙建设成政教合一的国家，甚至曾经放话"如果要我君临异教徒，还不如让我死一百次"。

还是皇太子的腓力二世在 27 岁时，与同样是天主教徒的 38 岁英格兰女王玛丽一世成婚。他和英格兰建立起联系，是缘于他想成为英格兰国内天主教派系的后盾。在英格兰生活了两年之后，因继承王位，他回到了西班牙。玛丽一世于 1558 年去世，没有留下子嗣。伊丽莎白（即伊丽莎白一世）继承王位。

值得一提的是，由日本切支丹大名派往罗马的"天正遣欧使节"，1584 年在马德里谒见腓力二世。据说，当时腓力二世对日本刀表现出极大的兴趣。

横跨地球的超级大国诞生

西班牙能成为世界上最大的殖民地帝国，得益于腓力二世与其母亲葡萄牙公主伊莎贝尔的血缘关系。身体里流淌着葡萄牙皇室血脉的腓力二世在 1580 年取代后继无人的宗室，兼任葡萄牙国王。这样一来，他兼并了葡萄牙在亚洲获得的广大殖民势力。

掌握了葡萄牙的殖民地后，腓力二世的领土遍布了除澳大利亚和南极大陆以外的所有陆地。

时至今日，西班牙语仍然是以中南美为中心的 21 个国家的公用语，有 4 亿人在使用。据说，曾是西班牙殖民地的菲律宾的国名就是来源于腓力二世的名字。

发起海战争夺地中海霸权

16 世纪，对于基督教世界来说，奥斯曼帝国是最大的威胁。奥斯曼帝国不仅牢牢控制着东地中海，还怀有获得地中海全域霸权的野心。1570年，奥斯曼帝国占领了威尼斯共和国统治下的塞浦路斯岛。当时，改宗基督教的原伊斯兰教徒在西班牙国内发起叛乱、法国发生了宗教战争（胡格诺战争）、荷兰掀起独立战争、西欧陷入混乱，这对奥斯曼帝国来说是进攻的绝好时机。

感受到了巨大危机的威尼斯共和国，向罗马教皇皮雅斯特五世请求救援，但教皇的军事力量无法与当时最强的奥斯曼舰队抗衡。因此，皮雅斯特五世希望腓力二世伸出援手。自称为天主教守护者的腓力二世爽快地答应了，与其他几个天主教国家一起集结了以西班牙军为中心的联合舰队。

1571年10月，联合舰队的285艘战列舰与奥斯曼舰队的300艘战列舰在希腊半岛南边的勒班托海角交战，最终联合舰队大获全胜（史称：勒班托海战）。

元气大伤的奥斯曼舰队又迅速重建。奥斯曼帝国不仅继续占领塞浦路斯岛，还一如既往地牢握着东地中海的海上霸权。

这场战役中，令人闻风丧胆的奥斯曼舰队的失败，不仅解放了一直被舰队所奴役的基督教徒，还令各基督教国家重拾信心，在精神方面产生了深远的影响。

勒班托海战之后不久，西班牙统治下的尼德兰（荷兰）为谋求独立，叛乱频发。究其原因是荷兰新教徒众多，西班牙对他们进行了严厉的打压，而英格兰又暗中支持荷兰发起叛乱。

当时的英格兰，与西班牙相比只是一个弱小的国家，但是英国女王伊丽莎白一世联合弗朗西斯·德雷克等海盗袭击西班牙舰队。

1587年，苏格兰女王玛丽·斯图亚特被伊丽莎白一世处决。玛丽是一位天主教徒并且享有英格兰王位继承权。腓力二世意识到将英格兰改造成天主教国家的可能性已经消失了，加上荷兰的叛乱又无法平息，他决定向英格兰出兵。腓力二世决定先派遣西班牙舰队袭击英格兰海岸线，再让步兵部队登陆英格兰直接占领首都伦敦。

西班牙的主力舰队为了和其他舰队会合，停泊在法国加莱港。1588年8月8日半夜，8艘船只攻入停泊中的西班牙舰队，西班牙方面的船只瞬间燃起熊熊大火。在一片混乱中，海盗德雷克率领英格兰舰队对西班牙舰队穷追不舍，全力开炮。英格兰的夜间袭击大获全胜，西班牙舰队弹尽粮绝，一败涂地。

西班牙舰队最终摆脱了英格兰的追击，借道大西洋东北部的边缘海，于9月23日逃回西班牙。回到西班牙的大型舰船仅有65只，曾经被称为无敌舰队的一半军舰都在这场海战中消失了。

欠款大国——西班牙

这场阿尔马达海战之后，西班牙实力急剧衰退。其实，导致衰退的更重要的原因在于，海战之前就存在的经济问题。从卡罗斯一世在位时，西班牙就战事不断，高额的战争费用给财政带来巨大的压力，1557年到1596年，西班牙四度宣布破产。从南美掠夺来的大量白银也被用于偿还西班牙从外国富豪手中借来的欠款。

就在这种局面下，腓力二世依然执意在1597年远征爱尔兰。他计划支援爱尔兰的天主教叛乱，趁着伊丽莎白一世对此做出反应的间隙攻击伦敦。但是，西班牙舰队在远征途中遇到了恶劣天气，计划全面失败。

第二年，因痛风并发症发作，腓力二世在位于马德里西北方的埃斯科利亚宫病逝。之后，他的子孙腓力三世、腓力四世、卡罗斯二世相继继承王位，卡罗斯二世之后后继无人。

1700年，路易十四的孙子、腓力四世的曾孙腓力五世继位。至此，西班牙哈布斯堡家族的血统断绝，西班牙迎来了波旁王朝统治的新时代。

在腓力二世的统治下，西班牙成了史上最大规模的殖民地大国。同时，也因他狂热的宗教主义，西班牙不断参与战事，最终走向衰败。

微观世界史 帝王篇

伊丽莎白一世
嫁给了大英帝国的"童贞女王"

英国有这么一句话:"女王当政时英国国泰民安。"这句话当初说的正是伊丽莎白一世。

伊丽莎白一世即位时,英格兰与西班牙和法国相比不过只是区区小国,还面临着经济、宗教、王位继承等各种难题。

伊丽莎白一世以巧妙的政治手段克服了以上这些问题,并将小小的英格兰带上了发展成为日后的大英帝国的康庄大道。

<生卒> 1533年—1603年
<在位> 1558年—1603年
英格兰王国

都铎王朝的建立

15世纪后半期的英格兰，因接二连三的战争疲惫不堪。在英法百年战争中输给了法国。而一直持续到1485年的英国玫瑰战争，是英国贵族兰开斯特家族与拥护英格兰国王理查三世的约克家族围绕着王位继承权问题发起的内乱。结果，这两个家族都未能如愿以偿。

战胜了理查三世的，是出身于兰开斯特家族的旁系——都铎家族的亨利。亨利在1485年与出身于约克王朝的伊丽莎白结婚，随后，他登上英格兰国王的宝座，称亨利七世。从此开启了从亨利七世到伊丽莎白一世为止的，前后共经历了6位君主（包含和玛丽一世有过婚姻关系的腓力二世在内的话共计7位）的都铎王朝。

当时的英格兰王国统治着威尔士和爱尔兰，人口有400万左右。其与法国、西班牙、神圣罗马帝国这样的大国相比，可以说是非常弱小的存在。更何况，大不列颠岛北部还屹立着苏格兰这样一个独立国家。

以离婚为契机成立国教会

1509年，亨利七世去世，他18岁的儿子亨利（亨利八世）继承王位。

亨利八世擅长体育运动，颇具音乐才华，潇洒俊朗。只是他沉迷女色，一生共计有过六段婚姻。天主教当时在英格兰信徒众多，它不允许离婚。但是亨利八世为了和侍女安妮·博林结婚，决心和第一任妻子、西班牙公主凯瑟琳离婚。

因为亨利八世在议会上提出使离婚合法化，罗马教皇保罗五世将其逐出教门。作为反击，亨利八世制定了以国王为教会首脑的"国教会制度"。这就是持续至今的"英国国教会"的开端。

国教会采取折中的形式，教义接近卡尔文教，仪式上保留了天主教的形式。

以伊丽莎白一世为中心的英格兰皇室家谱

亨利八世把事情闹到如此地步，也要离婚的理由是：皇后没能诞下可以维持政权稳定的男性继承人。

凯瑟琳皇后在1516年诞下了之后当上了英格兰女王的玛丽一世，安妮·博林在1533年诞下了另一位之后成为了英格兰女王的伊丽莎白一世。

离婚后，凯瑟琳被软禁于英格兰的金博尔顿城堡，直到去世。安妮·博林也因通奸罪被处决，伊丽莎白也因此被剥夺了王位继承权。

亨利八世的第三任妻子珍·西摩终于诞下了大家翘首企盼的男婴（之后的爱德华六世），她本人却在产后不久不幸离世。亨利八世与第四任妻子、德国贵族的女儿克里维斯的安妮，在婚后不久就离婚了。第五位妻子凯瑟琳·霍华德原本是女侍官，后因通奸罪被处决。在与第六位妻子凯瑟琳·帕尔结婚后，亨利八世意识到自己子嗣不足，随后恢复了伊丽莎白的王位继承权。

1547年，56岁的亨利八世撒手人寰，9岁的爱德华（爱德华六世）继承王位。

伦敦塔

活着走出伦敦塔

不幸的是，爱德华六世年仅15岁就离开了人世。在一片混乱之中，野心家诺森伯兰公爵策划他的儿子吉尔福德与亨利七世的曾孙女简·格雷成婚，拥立16岁的简·格雷登上了英格兰女王的宝座。不料，简在位的时间只有短短的9天。亨利八世的长女玛丽废黜其王位，并在伦敦塔处决了简·格雷夫妇。

1553年，玛丽作为英格兰历史上第一位女王——玛丽一世登上王位。她一登上王位，就紧锣密鼓地开始了复兴天主教、迫害新教徒的系列行动。因其对新教徒极为心狠手辣，杀害了300名新教徒，她也被称为"血腥玛丽"，令人闻风丧胆。再加上，玛丽与西班牙皇太子腓力（之后的腓力二世）结婚，英格兰在复兴天主教方面不断与天主教国西班牙接近。

伊丽莎白一世　嫁给了大英帝国的"童贞女王"

而此时的伊丽莎白处境艰难。玛丽即位后不久，英格兰便发生了新教徒暴动，伊丽莎白被怀疑是此次暴动的共谋被关进伦敦塔。直到两个月后，暴动的主谋在被处决前证明了她的清白，伊丽莎白才得以在接受监视的条件下释放。

1558年，玛丽一世病逝。同年11月17日，25岁的伊丽莎白一世得到英格兰议会的认可，作为英格兰女王即位。

和国家结婚的女王

根据现存的肖像画和当时的坊间传闻得知，伊丽莎白一世一头红发，十分消瘦，脸上爱涂当时流行的白粉。那种白粉中含铅量很重，对皮肤有极大的损伤，而伊丽莎白一世为了掩饰自己的皮肤状态，涂上更厚的白粉，陷入恶性循环。据说，她因为粉涂得太厚了，连正常做表情都很艰难。正是有这样的隐情，肖像画上的伊丽莎白一世的神色才会显得比较生硬。在29岁时，伊丽莎白一世患上了天花，头发几乎都掉光了，从此不得不常年戴上假发。

伊丽莎白一世头脑异常清晰。这也得益于她陪伴爱德华六世读书时，接受了高水平的教育，这在当时的女性中十分难得。据说，她通晓法语、意大利语、拉丁语、希腊语，对神学也很熟悉。

当时，各国王族对英格兰女王伊丽莎白一世的求婚纷至沓来。这其中有玛丽一世生前的夫君腓力二世和神圣罗马帝国皇帝的三儿子、法国国王查理九世等。但是，伊丽莎白一世悉数拒绝了这些人的求婚。关心世袭问题并主张政治婚姻的英格兰议会就此询问她这么做的理由，得到的回复是"我已经与英格兰结婚了"。

伊丽莎白一世之所以这么说，一方面是想笼络民心，另一方面也是处于对政治婚姻的担心。一旦她和外国王族结婚，英格兰的内政必将受到干涉，而这些干涉对当时的小国英格兰来说生死攸关。就因她对婚姻的态度不明朗，让她的求婚者之间起了纷争，而英格兰在此间隙，奠定了日后兴起的基石。

因伊丽莎白一世终身未婚，所以被称为"童贞女王"。实际上，她前后与亲信大臣罗伯特·达德利及罗伯特的继子埃赛克斯保持着情人关系，直到晚年，她都沉浸于热烈奔放的爱恋之中。

"我要看，但是不发表意见"

亨利八世时起成立了枢密院（由多名顾问组成的最高决议机构），后来伊丽莎白一世将优秀人才都选入枢密院，大小国事都与他们商量着决定。在一些关键问题上，她会尊重英格兰议会，听从议会的决议。

构成议会的除了王族和贵族外，还有大地主、乡绅。伊丽莎白一世重用能干的乡绅，会鼓励他们参与政治，并赋予他们地方行政权等。关于对议会的态度，伊丽莎白一世曾经说过"我要看，但是不发表意见"，这表明了她不干涉议会的立场。

伊丽莎白一世即位后，叫停了玛丽一世实施的天主教政策，转而振兴国教会。她再次颁布了规定英格兰国王是国教会唯一领导者的《首长法》，并通过执行规定了信条和惯例的《礼拜统一法》，完成了国内的宗教改革。

在经济方面，以精制货币代替从亨利八世时期就开始流通的粗制滥造的货币，以提升英镑信用、维持经济的稳定。她即位之初的英格兰危机四伏，通过这一系列的措施，到1568年局面终于得到扭转。

随后，伊丽莎白一世将目光投向美洲大陆，并成立东印度公司，积极向海外扩张。经济的活跃为英格兰海外羊毛贸易带来生机，地主和乡绅将从农民手中得来的土地用栅栏围起来，改造成牧羊用的农场。这种重商主义政策，正是接下来英国工业革命的萌芽。

同时，失去了土地的农民只能成为廉价劳动力，这样一来，贫富差距进一步加剧，英格兰国内充斥着大量的失业者。

在这种情况下，1601年，英格兰制定了被称为近代社会福利制度的先驱的《救贫法》。其规定国家给失去了工作能力的老人和残障人士发放救济金、积极为失业者解决就业难问题；贫民子弟可以通过"徒弟制度"学习一技之长、解决自己的吃饭问题等。此举措也稍微缓解了就业率低下的问题。

与苏格兰女王的较量

伊丽莎白一世执政时期，苏格兰王国也是由女王统领。而这位女王玛丽·斯图亚特是伊丽莎白一世的表哥的女儿，也拥有英格兰王位继承权。

伊丽莎白一世即位时，玛丽·斯图亚特是法国国王（弗朗索瓦二世）的王妃，她称"伊丽莎白一世是庶出，没有王位继承权，我才是女王的不二人选"。英格兰议会听到她的言论后，立刻认定伊丽莎白是嫡出，这也是基于防止法国干涉英格兰内政的考虑。

1560年，法国国王去世，玛丽·斯图亚特在第二年回到了苏格兰。之后，她与表弟达恩利勋爵再婚，并诞下儿子詹姆斯。好景不长，达恩利也遭遇爆炸身亡，玛丽在内斗中被废除王位，亡命英格兰。

伊丽莎白一世接受了她。1586年，玛丽·斯图亚特与英格兰的天主教徒共谋暗杀伊丽莎白一世，计划败露，玛丽被判处死刑。也许是伊丽莎白一世念及血缘，据说她在签署死刑执行命令书时再三踌躇。第二年，玛丽被处以斩首。

打败无敌舰队晋身为海洋大国

处决玛丽·斯图亚特也给大国西班牙带来了震动。因为西班牙国王腓力二世盼望着玛丽能登上英格兰女王的宝座，以此来推动英格兰天主教进程。

深谙这一点的英格兰，在海外贸易上与西班牙形成竞争关系，西班牙不得不受其牵制。英格兰还支援西班牙统治下的尼德兰（荷兰）发生的新教徒叛乱、调动英格兰政府授权认可的海盗、武装民船掠夺西班牙从南美运回的白银，西班牙损伤惨重。

伊丽莎白一世在这些武装民船船长中，尤为赏识弗朗西斯·德雷克，亲昵地称呼他为"我亲爱的海盗"，并加以重用，授予骑士的荣誉。德雷克是继麦哲伦之后第二个环绕地球一周的航海家，他在航海的途中，袭击了遍布世界各地的西班牙殖民地。

1588年，对英格兰的所作所为忍无可忍的腓力二世，召集了当时世界上最强大的西班牙舰队，通称"无敌舰队"全力进攻英格兰。舰队上集结了大量精锐陆军,腓力二世计划让陆军部队登陆英格兰,占领伦敦。

相比之下,英格兰舰队的舰船具有体型小巧但是舰炮射程远的特点。德雷克也作为其中一名指挥官率领英格兰舰队应战。

两只舰队在法国加莱港发生激烈冲突,德雷克命令英格兰舰队冲击西班牙失火船只,通过这个出其不意的策略,英格兰大获全胜。其实,能够获胜也在于德雷克在交战前就袭击了停泊中的西班牙舰队,烧掉了他们的储备物资,西班牙舰队士气大减。

这次阿尔马达海战之后,西班牙国力迅速衰退,而英国作为海洋大国崭露头角。

1600年,伊丽莎白一世成立了东印度公司,亚洲整体的贸易独占权都在它牢牢的掌控之中。东印度公司不仅进行香料和茶的贸易,还肩负着开拓印度等殖民地的重任。

同时,伊丽莎白一世也向美洲大陆派出了宠臣沃尔特·雷利,计划开拓殖民地,但是这一计划却以失败告终。

都铎王朝的终焉

到了伊丽莎白一世晚年,英格兰面临着各种难题。国内新旧教徒对立、英格兰统治下的爱尔兰发生了暴乱,再加上连年荒年,国内财政十分紧张。伊丽莎白一世为了填补财政亏空,制定了"独占特许权"。但是,获得了某一产业独占特权的企业家,会对这个产业进行垄断,这样一来导致物价飞涨,普通民众怨声载道。

1601年,伊丽莎白一世在议会上发表了著名的"黄金演说"，她的立场是要把人民的幸福放在最重要的位置，她讲道"我执政期间一直受到国民的爱戴，这才是这顶皇冠上最闪耀的荣光"。

并且，由于她十分信赖的首席顾问官伯利男爵、闺蜜诺丁汉伯爵夫人相继离世，连受打击的伊丽莎白一世一病不起，在1603年离开了人世。

伊丽莎白一世没有子嗣，因此，她将玛丽·斯图亚特的儿子、苏格兰国王詹姆斯六世立为继承人，詹姆斯六世在她离世后作为英格兰国王詹姆斯一世继位。这样一来，英格兰（包括爱尔兰）和苏格兰处于同一位君主的统治之下，建立了"同君联合体"的关系。

詹姆斯一世鼓吹君权神授，强化国教会制度，让其他宗教无立身之地，导致新教徒纷纷逃亡海外，其中一部分移民前往美洲大陆。到了后来，詹姆斯一世的儿子查理一世极力推进君主专制，采取与英格兰议会对立的姿态，最终导致1640年"清教徒革命"爆发。

伊丽莎白一世统治时期，后来也被称为"伊丽莎白王朝"。曾经不过是欧洲小国的英格兰，随着伊丽莎白一世果断对经济、产业、宗教等领域实施各项政策，并扩大海外殖民地，为英格兰在之后摇身变为大英帝国奠定了坚实的基础。

微观世界史
帝王篇

阿克巴大帝
改革和融合带来的和平

　　印度次大陆是古代文明的发祥地之一。但是这片倒三角形的土地统一起来形成一个国家的时间,并不久远,是在400多年前。
　　有史以来就长期处于小国林立的分裂状态下的印度次大陆,在16世纪,由莫卧儿帝国统治了其北部地区,并持续向南扩张势力范围。作为势单力薄的伊斯兰教王族,莫卧儿帝国能够稳定统治占印度次大陆大多数的印度教教徒,与它第三代皇帝——阿克巴大帝的努力密不可分。

<生卒> 1542年—1605年
<在位> 1556年—1605年
莫卧儿帝国

多个宗教共存　奇迹般的空间

第二次世界大战后宣告独立的印度国内有许多伊斯兰教徒存在，但是印度教徒依然占据了总人口的百分之八十左右。

16—19世纪，莫卧儿帝国统治了除了南部地区以外的印度次大陆的大部分领土，也就是人口数量占少数的伊斯兰教王族，统治着占人口大多数的印度教徒。创造了莫卧儿帝国巅峰时期的、帝国第三代皇帝阿克巴大帝在治理国家时，对异教徒表现出了极大的宽容。

1574年，阿克巴在印度北部城市阿格拉近郊建立了新的首都法特普尔·西克里。都城中有许多圆葱形屋顶的建筑物，这在中东的伊斯兰建筑中很常见。而这些建筑物的外观又是红褐色的，其中柱子的形状等深受印度教寺院风格影响，这些建筑物是传统的印度教文化与伊斯兰教文化融合的象征。

阿克巴在皇宫内建有"信仰之馆"，印度教主流派系什叶派、与之对立的逊尼派、印度教的圣职者甚至还有从葡萄牙漂洋过海而来的基督教传教士、在印度为数不多的拜火教徒、耆那教徒甚至包括佛教徒，都能在这里自由地进行宗教相关讨论。

之所以能形成这样一个各种宗教信者齐聚一堂的空间，当然与印度处于东洋与西洋之间的地理位置密不可分，更重要的是得益于阿克巴大帝对异文化宽容的态度。

与蒙古帝国有着深厚渊源的莫卧儿帝国

回顾印度次大陆历朝历代，阿克巴大帝与公元前3世纪的阿育王被并称为明君。创造了孔雀王朝最辉煌时期的阿育王，几乎统治了除次大陆南端以外的所有地区。他虽然全心皈依佛门，但是对婆罗门教和耆那教徒等异教徒也加以保护。

到 15 世纪为止，统一了印度次大陆大部分地区的也唯有在孔雀王朝时期。公元 4—6 世纪北部的笈多王朝盛极一时，随后又陷入了长期小国林立的状态。大陆北部还经历了起源于西方的波西米亚（伊朗）的伽色尼王朝、起源于中亚的古尔王朝，大陆南部也经历了德拉维族建立的帕那瓦王朝、朱罗王朝等王朝的兴亡更迭。

印度主要的王朝

	北部								南部			
时代	公元前七—公元前三世纪	公元前三—公元一世纪	公元一—四世纪	公元四—六世纪	公元六—七世纪	公元十一—十二世纪	公元十二—十三世纪	公元十三—十六世纪	公元十六—十九世纪	公元前三—十四世纪	公元三—九世纪	公元九—十三世纪	公元十四—十六世纪	公元十六—十九世纪
王朝名	摩揭陀王国	孔雀王朝	贵霜帝国	笈多王朝	布舍菩地王朝	伽色尼王朝	古尔王朝	拉杰普特王朝	德里苏丹国	莫卧儿帝国	古代朱罗国	帕那瓦朝	朱罗国	毗奢耶那伽罗帝国	迈索尔王国

7 世纪，统治印度北部地区的戒日王朝没落之后，没能再出现一个可以保护佛教的强有力的王朝，各地印度教渐渐与统治阶级紧密地结合在一起。

13世纪以来，伊斯兰系的王朝德里苏丹诸国，一直持续统治着印度北部地区。土生土长的印度教的大部分教徒对伊斯兰教采取敌视的态度，但也因加入伊斯兰教就能逃脱种姓制度的钳制，改宗者呈增长趋势。

同时，在丝绸之路上往来进行国际贸易的伊斯兰商人，也为印度带来了东西方文化产物。

在这种背景下，1526年，巴布尔从如今的阿富汗地区一带攻入印度，创建莫卧儿帝国。

巴布尔与蒙古有深厚的血缘关系。他父辈的祖先是蒙古系的伊斯兰教徒、在14世纪征服了中亚大部分地区的帖木儿，母亲的祖先来自蒙古帝国成吉思汗一系。因此，莫卧儿帝国这个名字是源自"蒙古"这一词汇的发音。由上我们可以得知，到近代为止，印度北部的国境都与如今大不相同，它包含了阿富汗与伊朗，是与中亚连成一片的一个区域。

巴布尔的儿子胡马雍执政时期，苏尔王朝从印度西北部的比哈尔入侵，对莫卧儿发起进攻并占领了都城德里，胡马雍也暂时亡命波西米亚。1555年，他赶走苏尔王朝并夺回德里。但是第二年，胡马雍因意外在宫中突然去世，14岁的嫡子阿克巴继承王位。

通过一夫多妻制建立友好关系

阿克巴即位初期，三朝元老拜拉姆汗摄政。已经50岁的拜拉姆汗甚至提出要娶年仅19岁的公主为妻的无理要求，在宫中招致众多反感。阿克巴借机命令他前往麦加巡礼，将其逐出宫中，从此开始亲政。

在莫卧儿帝国的统治之下的印度次大陆上，还有好几个由被称为拉杰普特的印度教徒的王侯建立的小王国。拜拉姆汗摄政时容不下异教徒，并对其显示出强硬的姿态，而阿克巴却致力于改善与拉杰普特的关系。

阿克巴迎娶拉杰普特的其中一支——安珀的公主为妻，两人之间育有贾汉吉尔，后来成为莫卧儿帝国第四代皇帝。以此为开端，阿克巴不断与拉杰普特的王族缔结婚姻关系。这也是实行一夫多妻制的伊斯兰文化圈，特有的对外政策。

当时的伊斯兰教国的惯例是，对不愿改宗的异教徒征收人头税等各种税金。但是阿克巴在1563年决定不收印度教徒圣地巡礼的税金，还在第二年全面废除了人头税。他对印度教徒表现出了极大的宽容，同时，还积极倡导废除印度自古以来就有的、丧夫女性需要殉死的习俗。

阿克巴通过得到拉杰普特诸王的支持来维持政权稳定，同时，他又不停发起远征。到1573年，他将如今属于巴基斯坦西南部的地区归入莫卧儿，接着还继续压制与现在的尼泊尔接壤的东北部地区、北方的克什米尔等，并且还合并了印度中部德干高原上的几个伊斯兰系王朝，莫卧儿帝国将除了印度次大陆南部以外的大部分地区划入自己的版图。

在扩大领土的同时，阿克巴还致力于建设中央集权的行政机构。对贵族阶级用mansab（位阶）这一官位加以区分，根据官位给予相应领地的征税权。与此同时，为了防止贵族在自己的领地上拥有独占权，会定期变更他们享有征税权的领地。

阿克巴通过这样一连串的改革，削弱了贵族的势力，权力都集中于皇帝，并且可以防止贵族阶级对各地农民进行中间榨取，有效保障了农民的利益。

值得一提的是，在1580年也就是阿克巴统治后期，据说当时莫卧儿帝国贵族中，出身于西方波西米亚的有47人、来自中亚乌兹别克斯坦的有48人、印度教徒拉杰普特有43人。

对宗教的兴趣提升当上教祖

对于阿克巴在包含宗教在内的文化层面上所做出的功绩也不得不提。

阿克巴自身虽不识字，但是知识欲却十分旺盛。他允许各个阶层的臣民出入皇宫，喜欢听形形色色的人给他讲各种见闻。皇帝专用的图书馆里的藏书多达24000册，他经常让臣子读给他听。他的兴趣范围十分广泛，从宗教、文学到造船、武器等工业技术，在他的指示下，制造出了一次性可以对大量枪支内部进行清洁的装置。

阿克巴还组织译者，将印度古代叙事诗《摩诃婆罗多》翻成波斯语，积极推进印度文化与西方伊斯兰文化圈的交流。因为伊斯兰教禁止偶像崇拜，导致人物画和雕刻等艺术形式不太发达，阿克巴召集100多名波斯人画家到皇宫，促进了极具印度特色的华美的莫卧儿宫廷绘画的发展。

喜欢与各种宗教家对话的阿克巴，1582年创立了新宗教"丁–伊–伊拉希"（意为"神圣宗教"）。它继承了伊斯兰教、印度教、拜火教等宗教的基本要素：禁止肉食、信仰唯一的神等。不同的是，这个宗教并没有开展一般性布教，信徒基本上仅限于与皇宫有密切关系的人。说起来还是因为信仰各种宗教的臣子颇多，为了防止发生冲突，干脆成立了自己当教祖的宗教。

阿克巴大帝陵墓

在英国统治下发展起来的一体化

阿克巴晚年，儿子萨利姆起兵，后因投降而得到宽恕，后来作为第四代皇帝贾汗吉尔即位。著名的"泰姬陵"就是贾汗吉尔的儿子沙·贾汗修建的。它是莫卧儿建筑的代表，是为纪念王妃穆塔兹·马哈尔修建的，现已是世界遗产。

到了第六代皇帝奥朗则布执政时期，莫卧儿帝国已经将除去南端以外的整个印度次大陆都置于统领之下。

但是奥朗则布只热衷于伊斯兰教，他重新开始征收印度教徒等异教徒的人头税，也因此引起了人口占多数的印度教徒的强烈反抗。再加上，从17世纪开始，英国在印度各地建设商业点、屯驻军队，不断扩大势力范围，1857年，印度爆发了大规模的"反英运动"（印度民族大起义）。英国全力镇压了这次起义并废除莫卧儿帝国皇帝，直接将印度全境作为殖民地统治。

英国接管印度以后,有意识地将印度教徒和伊斯兰教徒分而治之。讽刺的一幕发生了,在全境都被殖民地化之后,将印度整体视为一个整体国家的印度主义却不断高涨。

1947年,印度宣告独立,伊斯兰教徒众多的地区分裂为巴基斯坦和孟加拉国,各自独立出来。

回望阿克巴大帝,他执政期间为印度教徒和伊斯兰教徒融合共处,做出了种种努力,因此在今日的印度,他也依然受到人们的尊敬与爱戴。

微观世界史 帝王篇

路易十四
痴迷于战争和宫殿的"太阳王"

18世纪在法国历史上被称作"伟大世纪"。而这个时期的君主路易十四在位长达72年。这时的法国从中世纪的封建体制中脱离出来,国王实行君主专制的中央集权,稳固了法国作为大一统国家的基本框架。路易十四为后世留下的不仅仅有壮丽的凡尔赛宫和优雅的宫廷文化,还有他建设的任人唯贤的国家机构、通过人口普查掌握国民情况并规定国家统一语言、通过保护艺术家来传承与发扬法国文化等功绩。

<生卒> 1638年—1715年
<在位> 1643年—1715年
法国

继承"路易"之名

法国非常著名的景点凡尔赛宫，可以称作是17—18世纪华丽的法国宫廷文化的象征。它代表着君主丰厚的财力和至高无上的权力，建造了这所宫殿的正是路易十四。

路易十四是成立于16世纪的、法国波旁王朝的第3代国王。那么"路易"这个名字源自哪里呢？在法国历史中，此名流传久远，它始于公元9世纪查理大帝去世后、继承了王位的路易一世（德语圈称为路德维希一世）。

卡洛林王朝统治着从法兰克王国分出来的西法兰克王国，在10世纪卡洛林王朝绝嗣，它的旁系罗贝尔家族创立了卡佩王朝。一般来说，从卡佩王朝以来，西法兰克就被称为"法兰

路易十四骑马像

路易十四　痴迷于战争和宫殿的"太阳王"

西王国"。到了14世纪卡佩王朝也后继无人,它的旁支建立了瓦卢瓦王朝。瓦卢瓦王朝也在1589年无子嗣延续,旁系亨利四世继承王位开创了波旁王朝。也就是说,波旁王朝的祖先是卡洛林家族,"路易"这个名字历经4代王朝继承下来。

1643年,年仅4岁的路易(路易十四)即位。一开始是母亲安妮摄政。历史总是惊人的相似,他的父亲路易十三也是8岁就即位,同样由来自意大利豪门美第奇家族的母亲玛丽摄政。

在当时的法国内忧外患。国内天主教徒与和王室敌对的胡格诺派教徒冲突不断;国外方面,法国卷入了神圣罗马帝国爆发的"三十年战争",以削弱哈斯堡(奥地利)的势力为目的,法国与新教国丹麦和瑞典站在同一阵营,但是做出参战决定的法国宰相黎塞留和路易十三相继离世。

确立了中央集权的"官员国王"

与晚年所表现出的奢华宫廷风相比,路易十四在年少时饱尝辛酸。参与"三十年战争"让国内财政迅速恶化。当时的宰相马扎然决定给官员减薪、增加赋税,他专横的行为引起了许多贵族和市民的反抗,导致在1648年爆发了"投石党运动"。

因为一部分王族也参与了叛乱,十几岁的路易十四先后两次与母亲安妮一起逃离巴黎,不得已过上了逃亡生活。

1661年,宰相马扎然去世,22岁的路易十四决定不再任命宰相。他通过直属的最高国务会议开始了亲政。为了将权力集中到手中,路易十四搬出了神学者博须埃提出的"君权神授说"。这个学说指出君权是由神授予的,路易十四自称"朕就是国家"。

路易十四因"投石党运动"留下心理阴影，对住在巴黎的贵族和富裕阶层怀有强烈的不信任感，因此，他有计划地排挤一直以来势力较大的王侯、贵族和圣职者。从亨利四世以来，法国允许买官卖官。这样一来，不仅仅是贵族，财力雄厚或学识渊博的平民阶层也能成为官员。路易十四积极任用这些被称为"法服贵族"的官员。

这其中最具代表性的人物就是由毛织品商人一跃而成财政大臣的柯尔贝尔。他一边在国内大力发展工厂化的手工业，一边对国外商品加收重税，还通过法国东印度公司等扩大贸易范围，他推动了法国重商主义的形成与发展。

同时，路易十四不断压缩地方领主的权益，并向各地派驻自己亲自任命的地方长官，还通过人口调查把握人口情况。不仅如此，他还命人绘制法国地图、修建国立收容院。路易十四执政期间，心怀整个法国，并以国民利益为重。

作为国王的空间而营造的宫殿

路易十四为修建凡尔赛宫所付出的心血不亚于对政务的热情。凡尔赛宫位于距离巴黎20公里左右的西南方向，到路易十三为止这片土地只是狩猎时使用的、上面有几座小小的建筑。"投石党运动"之后，路易十四对巴黎好感全无，因此，他将凡尔赛宫所在地作为政治的中心。

宫中设有巨型喷水的庭院，陈列着数不清的雕塑等美术品，凡尔赛宫成了展示国王权威的橱窗。路易十四将凡尔赛宫对国民开放，谁都可以自由参观，他还亲自书写了游园指南。

凡尔赛宫

凡尔赛宫中的生活，从起床到就寝的所有环节都及其考究，礼节繁多。起床更衣之后，路易十四要戴上人们在他的肖像画中经常能看到的长发套，才出现在列队等待谒见的贵族面前。

用餐时，各种各样的珍馐佳肴铺满桌面，在国王举行的晚餐会上坐在什么位置，就决定了这些贵族的地位。

在宫中经常举行盛大的换装舞会，因路易十四曾装扮成太阳神"阿波罗"，因此得名"太阳王"。

他的私生活也相当丰富，与王妃玛丽亚·特蕾莎之间的嫡子，再加上他与蒙特斯潘侯爵夫人、拉瓦利埃等情妇所生的庶子，他共有20多个孩子。路易十四不仅仅是钟爱年轻貌美的女孩儿，他也倾心于有学识有教养的女性，并且对嫡子和庶子一视同仁。在王妃去世后，46岁的路易十四与曼特农侯爵夫人再婚，她是一位相当保守的天主教徒，也许路易十四是受到了她的影响，据说之后在私生活方面收敛了许多。

路易十四周围也一直充斥着各种丑闻，与优雅的宫廷生活形成了鲜明的对比。例如，参加了"投石党运动"的博福尔公爵等王族之间斗争不断；身为贵族却多次犯罪的厄斯塔什·多热，实际上是路易十四同父异母的哥哥，他正是被关押在巴士底监狱的谜一样的人物"铁面人"（实际上戴着布制的面罩），等等。

通过振兴文学来普及标准语

时至今日提到法国，因其艺术家与文学者辈出、百花盛开，其作为艺术大国的地位依然无可撼动。正是路易十四确立了法国在艺术上的影响力。

16世纪的欧洲，艺术、文学、自然科学的中心位于文艺复兴的发源地——意大利半岛上的佛罗伦萨和威尼斯等地。在这一背景下，黎塞留于1635年建立了支持诗人和剧作家的学术团体"法兰西学术院"，学院获得了路易十四的大力支持。剧作家莫里哀、创作了《小红帽》《穿长靴的猫》等作品的著名童话家佩罗都得到了国王的赞助。另外，路易十四还以担当了凡尔赛宫内部装饰工作的画家勒布伦为中心，成立了皇家绘画和雕塑学院，专门培养艺术家。

国王为什么要支持这些文化人呢？因为这既显示了国王的财力和气魄，也是中央集权化的一种手段。在当时，勃艮第地区和佛兰德斯地区等地，每个地区方言差别都极大，振兴在法国全境都能阅读的文学，也是为了推广统一的法语标识符号。

同时，路易十四还修建了圣丹尼门等象征着国王权威的纪念碑式建筑及大量的国王铜像。它们让之前一直属于当地领主和教会管辖的住民心中树立一个根深蒂固的概念——"唯一的君主路易十四统治着法国",这也是为了让他们拥有法国国民的意识。

掏空国库持续对外战争

凡尔赛宫在 1685 年大体完工,它的营造费用大约占了每年国家预算的 8%。但是这与战争所费钱财相比,可谓是小巫见大巫。因为每年的战争费用在国家预算中高达 30%。

1667 年,围绕佛兰德地区的统治权问题,法国与西班牙发生了遗产继承战争。紧接着又在 1672 年,法国与英格兰、瑞典结成同盟进攻尼德兰,史称"法兰战争"(侵略荷兰战争)。1688 年,法国介入神圣罗马帝国的普法尔茨选帝侯的继承权问题,并与神圣罗马帝国、英格兰、西班牙等为敌发起了"普法尔茨继承权战争"(又称:大同盟战争)。

与此同时,法国还因北非殖民地问题与英格兰之间爆发了"威廉王之战"。英、法两国直到 19 世纪,都因争夺海外领土,战事不断,这也被称为"第二次百年战争"。

1701 年,路易十四已到晚年。这一年,西班牙哈布斯堡家绝嗣,法国介入其王位继承问题,再次与英格兰、神圣罗马帝国为敌,发起了"西班牙王位继承战争"。这场战争旷日持久,一直到路易十四去世的前一年(1714 年)才偃旗息鼓。

这一系列的战争,是基于 16 世纪以来法国所提出的"自然疆界说",法国将南起比利牛斯山脉、东到莱茵河的土地都看作自己的领土,发起战争也是为了扩大波旁王朝的国际影响力。

当今法国东西南北的国境线，基本都是在路易十四时期确定的。战争是对国力最大的消耗，路易十四对继承者、自己的曾孙路易路易十五留下遗言：在战争方面，绝不要学我的样子。

路易十四统治时期还埋下一个祸根，那就是对国内胡格诺教徒的残酷镇压。1598 年，亨利四世发布了《南特敕令》，承认了法国国内胡格诺教徒的信仰自由。但宗教间对立依然一直存在，1685 年，路易十四颁发《枫丹白露敕令》，宣布废除《南特敕令》。对于不断强化中央集权的路易十四来说，实行宗教一元化是必然结果。可是，这一决定导致大约 20 万胡格诺教工商业者逃亡到尼德兰地区，一时间法国的财富和工业技术都流向海外。

化为泡影的"大法帝国"

路易十四的统治长达 72 年，在这期间，皇太子路易和他的儿子勃艮第公爵路易相继去世。因此，1715 年路易十四去世后，他年仅五岁的曾孙继承王位，这便是路易十五。

路易十五并没有把路易十四的遗言放在心上，在 1756—1763 年间，法国又加入以大不列颠王国（英国）—普鲁士联盟与法国—奥地利联盟之间的七年战争。

当时，位于如今德国东北部的普鲁士王国不断壮大，法国不得不选择与敌对了近 200 年的奥地利哈布斯堡家族结盟。与此同时，法国还在印度的"普拉西战役"中败给了英国，在北美战场也不敌英军，法国渐渐失去了在北美大陆和印度的影响力。

如果那个时期，法国能够打败英国，可能在19世纪就不会有"大英帝国"，出现在世人面前的应该是"大法帝国"吧。

1774年，路易十六即位。15年后，"法国大革命"爆发，波旁王朝彻底退出了历史舞台。有研究者指出，导致革命爆发的背景主要有以下两点：一是法国为筹措战争经费在法国征收重税；二是王公贵族将远离巴黎的凡尔赛宫作为政治和生活的中心，导致了与居住在巴黎的市民阶级在意识形态上产生了较大差异。这也是路易十四为法国留下的负面遗产。

虽说如此，包括划分明确的国土、统一的法语、中央集权的官员机构、优雅文化大国的印象等要素在内的法国这一国家形式，经历了"法国大革命"的风雨却还能一直延续至今，这些都得益于路易十四打下的坚固基础。

微观世界史 帝王篇

康熙帝
实现了经济改革和领土扩张的"圣祖"

中国历史上最后一个王朝——清朝,不是汉族人而是满族人建立的。第四代皇帝康熙执政长达61年,是中国历代皇帝中,在位时间最长的一位。

康熙帝极富好奇心,热心学习,对汉民族和基督教文化等异文化,表现出极高的兴趣,积极吸收外族文化。

<生卒> 1654年—1722年
<在位> 1661年—1722年
清

努尔哈赤建立的女真族王朝

自古以来,中国历代王朝都有给驾崩的皇帝追尊庙号的惯例。例如西汉的"高祖"、唐朝的"太宗"等都是庙号。庙号中带"祖"的一般都用于创建了新的王朝或者是进行了迁都的皇帝,然而,康熙帝爱新觉罗玄烨虽为大清第四代皇帝,却被追尊为"圣祖",这是因为康熙帝建立的丰功伟绩可匹敌建朝大业。

清朝是女真族创建的王朝,它们生活在中国东北部,过着半游牧半农耕的生活。康熙帝出身于女真族中强大的部族——爱新觉罗氏。他的曾祖父努尔哈赤(清太祖)智勇双全,屡次压制与之对立的部族,并在1616年建立起了女真族国家。

这个国家最初的国号为"爱新国伦",汉字写作"后金"。1115年—1234年,中国东北部曾有一个由女真族建立的金王朝,努尔哈赤将自己的国家称作"后金"是为了区别于之前的金朝。

建国之始,后金是明朝的附属国,但是到了努尔哈赤晚年,他采取与明朝对立的态度,随后继承了大统的皇太极(清太宗)率领后金,踏上了压制中原大地的征程。

他们一路挥兵攻破长城,直逼京城,但最终溃不成军。之后,皇太极转变策略,带兵攻打如今内蒙古一带,并于1635年灭掉北元(元朝在中原的统治崩溃后,退居漠北形成的游牧政权)。皇太极从元朝后裔手中得到了"历代传国玉玺",成为统领蒙古各部族的"汗",也就是皇帝。

为进攻明朝,他步步为营,稳扎稳打。皇太极随后征服朝鲜,收服其为后金的附属国。1636年,皇太极改国号为"清"。

关于国号的由来，众说纷纭。其中，较有说服力的一个是：明朝自命属火德，为取代明朝。皇太极选择了代表水的部首"氵"，与色代表东方的颜色"青"，结合成汉字"清"，作为国号。

与此同时，还将族名"女真"改为"满洲"，过去并没有满洲这个地名。据说，满洲是"曼殊"的转音，因为藏族人将文殊菩萨称为"曼殊"，传说文殊菩萨是住在中国的东北部。

皇太极去世后，其子福临（顺治帝）作为第三代皇帝继承大统。此时的明朝政治腐败不断升级，沉重的税收和高压政策让人民的不满情绪日益高涨。最终，李自成领导农民军起义，一举占领北京城。崇祯帝被迫自杀身亡，1644年明朝灭亡。

明朝的部分军队被调往前线抵御清兵入侵，导致主力部队兵力分散，也是导致北京城沦陷的原因之一。山海关（现河北省秦皇岛市）是明朝和清国的国境线，驻守于此的明朝大将吴三桂深知明朝灭亡之势不可逆转，于是归降大清，并随清军入关，在他的带领下清军涌入北京城。李自成在各地辗转，并最终被杀害，也有人说他是自杀。就这样，清朝入主北京。

八年平定"三藩之乱"

康熙帝在父亲顺治帝去世时，年仅8岁。1661年，年幼的他作为清朝第四代皇帝登基。幼帝由老臣辅佐理政，直到14岁时康熙帝才开始亲政。

当时，大清面临一个巨大的难题就是如何处置"三藩"。三藩是指三位各自割据一方的原明朝大将，云南吴三桂、广东尚可喜、福建耿忠明，他们在清军入关之后，协助清朝稳定国内各地。三藩虽归属中央政府，但也拥有独立的军队和政权，他们在各自的领地内独断专行。因康熙皇帝做出撤藩决定，1673年爆发了"三藩之乱"。

陕西的王辅臣、广西的孙延龄等重臣也纷纷举兵对抗朝廷，一时间，判臣与清王朝划江而治。但是康熙帝撤藩的决心也不容小觑，他花费整整八年时间，终于平定三藩，收回了原属于三藩的领地，将中原大地归于清朝统治之下。

版图面积超过元朝

当时，台湾的郑氏政权也是反清势力中的一支。

郑成功当时效忠于明朝皇室后裔。康熙帝在平定"三藩之乱"后，派军南下攻打台湾，灭掉了郑氏政权。

此时，北边的沙俄迫切需要获取不冻港，因此对大清的领地虎视眈眈，如何应对沙俄也成了当下之急。康熙帝派军前往雅克萨（清与沙俄的国境线），攻打沙俄要塞。与此同时，清朝也派出大臣与沙俄讲和，两国于1689年签订了《尼布楚条约》。联想到清朝末期与西方列强签订的一系列不平等条约，《尼布楚条约》意义重大。

康熙帝从1687年开始，调兵应对准噶尔汗国的进攻。这场旷日持久的战争，使清朝的疆土外藩蒙古、西藏、新疆更为稳固。以上地区再加上内属蒙古和青海，被称为"藩部"，清政府承认这些地区部族首长自治。

清朝和元朝一样是征服王朝，但是他们对汉族的态度却大相径庭。康熙帝积极推动满汉融合。比如：从顺治帝时期开始，清朝就引进了科举考试，并将内阁六部官员人数设为偶数，这样可以确保满族和汉族官员人数相同（满汉双轨制）。

同时，清政府大力镇压反清言论（"文字狱"），并勒令汉族男性留辫子。

康熙帝显示出对汉族文化、传统高度理解的姿态，他下令编辑汉字辞典——《康熙字典》。这部字典问世之后得到各界高度评价，直到昭和初期为止，日本都将其中记载的汉字作为标准汉字字形的模板。

据耶稣会传教士白晋讲述："康熙帝好读书，爱学习，能背诵大部分孔子著作。"康熙帝对文学、地理、数学等也颇有兴趣，他在位期间编撰的辞典、学术著作涉及多个领域。而且，据说康熙帝还从耶稣会传教士那里学习几何学和西洋音乐等。

改革税制　促进人口增长

为避免增加民众的负担，康熙帝采取了许多减税政策。平定"三藩之乱"，所需大量战费。即便如此，康熙帝也没有通过征收重税来填补亏空，而是压缩开支，坚持从国库支出这笔费用。对战场周边的人民也坚持实行年年减税。正是康熙帝以身作则，坚决贯彻勤政节俭，清朝才能大规模实现减税。明朝末期，宫廷开支一天就需要一万两白银，而康熙帝执政时期一个月的宫廷开支只需 500—600 两白银。

在这种大背景下，清朝国库日渐充实，康熙帝又开始了新的税制改革。中国从古代开始就按人口数量征收"人头税"。清康熙帝时宣布，人口税以 1711 年成年男子（2462 万人）为上限，自 1711 年以后，无论增加多少人口都不再征收"人头税"，统一将应征的人口税额，分摊在土地税内按亩合并征收。

清朝实施了被称为"摊丁入亩"的新税制后，一直稳定在一亿大几千万的总人口在1726年增长到两亿，1790年突破了三亿人口。要说，人口是否真的增长得这么快呢？那倒也不见得。只能说在新税制实施后，各家各户为了逃税避税而隐匿不报的那部分人丁，在后来统计人口时如实上报了。

　　不管怎么说，清朝拥有庞大的人口，是不争的事实。人口增加的另一个原因是，欧洲大航海时代的到来，将玉米、土豆、红薯、南瓜等美洲大陆原产的农作物带到了中国，并在中国广泛种植。

　　而且，康熙帝以统一中国为契机，废除了明朝以来的海禁政策，积极与欧洲开展贸易往来，主要出口丝绸、茶和陶瓷器等，欧洲的白银大量流入，清朝的经济得到极大发展。

康熙帝陵墓

九王夺嫡

康熙帝一生大刀阔斧进行了各种改革，到了晚年，却为立嗣问题头痛不已。当时，在35个儿子中，康熙帝的二皇子胤礽被立为皇太子。康熙帝热心教育，他认为学问不仅仅在学堂，还时常带领皇子们亲临战场，锻炼他们的军事指挥才能。

皇太子胤礽身边的亲信，因涉嫌谋反而被拘禁。失去了后盾的胤礽自暴自弃，行为不端，这些消息屡屡传到康熙帝的耳朵里。康熙帝不得已废除了他的皇太子之位。

满族并没有长子即位的传统，宫中年龄较长的九位皇子开始争夺王位。这就是史上著名的"九王夺嫡"。最终，康熙帝还没来得及立下新的皇太子，就在1722年与世长辞。根据他的临终遗言，皇四子胤禛继承大统，这就是清朝第五代皇帝——雍正帝。雍正在康熙帝去世的第二年（1723年）登基。

从此以后，清朝不再立皇太子，而是采用"密建皇储制度"。也就是皇帝将继位人的名字写在纸上，皇帝驾崩后再宣布新君人选。这样一来，有效避免了皇子夺嫡，也保证了大清稳定。

微观世界史
帝王篇

彼得大帝
考察西欧　致力于实现现代化

　　俄罗斯的历史，可以说在彼得大帝（彼得一世）统治前后发生了巨大的变化。他行动力强、好奇心旺盛、领导才能突出，发起了一系列的改革。他带领原本属于欧洲落后国家的俄罗斯，稳步踏上西欧化进程。彼得大帝的影响力波及白令海沿岸。

　　彼得大帝将俄罗斯推向近代化进程的热情，从何而来？俄罗斯又因此发生了什么样的变化呢？

<生卒> 1672 年—1725 年
<在位> 1682 年—1725 年
俄罗斯帝国

因皇位争夺对莫斯科好感全无

俄罗斯帝国始于沙皇（皇帝）彼得一世。这个帝国的历史，可以追溯到9世纪左右建国的基辅公国和12世纪成立的诺夫哥罗德公国。后来蒙古的金帐汗国铁骑侵入俄罗斯，这在俄罗斯被称为"鞑靼枷锁"。

终于，以莫斯科为大本营的"莫斯科大公国"伊凡三世在1480年，摆脱了蒙古军的钳制。之后，伊凡三世迎娶了东罗马帝国（拜占庭帝国）王朝的末裔为妻，并主张自己是罗马帝国的继承者。因此，莫斯科也被称为"第三罗马"。

1547年，"雷帝"伊凡四世加冕，成为俄罗斯历史上第一位使用沙皇称号的皇帝。他积极向东开拓疆土，征服西伯利亚。

伊凡四世去世后，俄罗斯国内内斗不断，1613年，开创了罗曼诺夫王朝的米哈伊尔·罗曼诺夫即位沙皇。彼得出生于1672年，是罗曼诺夫王朝第二代皇帝——阿列克谢·米哈伊洛维奇与第二位王妃所生。彼得大帝有同父异母的姐姐索菲娅和哥哥伊凡。

1676年，沙皇阿列克谢去世后，费奥多尔三世即位。他在位仅仅6年就因病去世。

之后，虽然彼得继承

彼得大帝画像

彼得大帝　考察西欧　致力于实现现代化

了王位，但是伊凡的拥护者也绝不善罢甘休，两派之间权力斗争不断。最终，彼得的外公被杀害，这一血腥事件让两派斗争暂时消停，提出伊凡与彼得共治，两人并立为沙皇。1682年，10岁的彼得一世和16岁的伊凡五世同时即位。伊凡的亲姐姐、20多岁的索菲娅，为二人摄政，实际统治俄罗斯达8年之久。因权力纷争不断，彼得一世对莫斯科毫无留恋。

彼得一世虽为皇帝，但他却并没有居住在克里姆林宫，而是在莫斯科郊外的村庄生活，也没有受到一个君王该有的教育。15岁的时候，他召集村庄里的贵族和孩子们，使用真枪实弹兴致勃勃地玩起了军事游戏。也就是这个时期，彼得一世遇到了村里的马童——亚历山大·缅希科夫，他之后晋升为陆军元帅。

因宗教原因，莫斯科郊外建有外国人村庄，彼得一世经常去玩耍。村庄里荷兰技术人员、瑞士佣兵等，超过1200名外国人生活在那里。彼得一世通过与他们交往，学会了荷兰语、交谊舞、骑马、钓鱼、船舶技术、天文观测等各项技能。

成年后的彼得，身高超过两米，孔武有力、威风凛凛。

化身使节访问欧洲各国

彼得的拥护者们，一直对索菲娅摄政独断专行心怀不满。1689年，彼得的拥护者们安排他与年长三岁的贵族之女——欧多克亚·罗普京娜结婚，计划以彼得已成年为由，夺回索菲娅的摄政权。得到消息后的索菲娅决定暗杀彼得，但是诡计暴露，未能实施。至此，伊凡一派分崩离析。

彼得一世终于打开了局面，并于1694年开始亲政。第二年，他决意进攻奥斯曼帝国要塞、面朝黑海东北部亚速海的亚速。从俄罗斯出发想进入黑海，必须经亚速海通过克里米亚半岛才能抵达，所以，亚速对俄罗斯来说是极大的制约。彼得一世作为炮兵士官亲自参战，但却惨败而归。

后来，彼得一世请外国技术人员为俄罗斯建造军舰，成立了俄罗斯第一支舰队。1696年，彼得一世再次攻打亚速，这一次亚速没有逃过沦陷的命运。这次胜利，只是彼得大帝为获取"不冻港"而推行的"南下政策"的第一步。

彼得一世意识到，如果不与欧洲各国携手，就算在强大的奥斯曼帝国的局部地区取得了胜利也是毫无意义的。

1697年3月底，彼得一世向西欧派出了250人的使节团。使节团除了肩负着外交使命，也有其他目的：学习西欧的先进技术（购买武器、工作器械、画制图器具等）；雇佣外国技术人员。让人意想不到的是，彼得一世自己也化名同使节团一起出行。他化名的原因有两点：不想让其他国家知道皇帝离开了俄罗斯；不想被礼节束缚。

访问尼德兰（荷兰）时，彼得一世在东印度公司的造船工厂与10名同伴一起工作了4个月，掌握了技术。他在莱登大学参加了尸体解剖的课程。他对荷兰街头整齐划一的街道、坚固的民居、大运河等都市建筑兴趣盎然。在英格兰访问参观海军演习时，他发出感慨："比起当俄罗斯皇帝，我更想当英国海军大将。"并且，他还见到了物理学家牛顿和天文学家哈雷。

1698年8月，彼得一世得到消息：莫斯科发生了射击军叛乱。他急忙赶回俄罗斯。发起叛乱的索菲娅，在叛军被镇压后终身幽闭于修道院内。

使节团结束了近一年半的外交任务，回到了叛乱平息后的莫斯科。

使节团回国的第二天，贵族高官前来迎接，彼得一世亲手用剪刀剪掉了高官的长须。在当时的俄罗斯，一个人的胡须被看得尤为重要，大家甚至认为：没有胡须就不能上天堂。彼得一世宣布，至此以后，留胡须的人需交"胡须税"。他还要求人们不再着民族服饰，而是统一穿德式洋装。彼得一世认为，国家的近代化应从人们的外在风貌入手。

按照俄罗斯旧历，每年的新年在9月。彼得一世废除旧历，采用英格兰的恺撒历，规定从1700年开始，1月是新一年的开始。

彼得一世深受西欧文明影响，当时的民众有些无法接受，对他的种种举措感到恐慌。

与宿敌卡尔十二世之间的大北方战争

俄罗斯的敌人不是只有奥斯曼帝国。瑞典国王卡尔十二世手握波罗的海霸权，对俄罗斯也是极大的威胁。

俄罗斯与丹麦、波兰联手组成同盟军（北方同盟），并与奥斯曼帝国休战。1700年，同盟军向瑞典宣战，大北方战争由此拉开帷幕。俄罗斯军队出师不利，一系列的失败促使彼得一世重组军队，最终获得了战争的胜利。

这场战争，让俄罗斯代替瑞典成为北欧强国。

1721年，俄罗斯与瑞典缔结和平条约，取得了波罗的海沿岸广大地区和出海口。同年，彼得一世被俄罗斯行政·司法最高机关——枢密院，授予"祖国之父""大帝"的称号。"俄罗斯帝国"也在此时，应运而生。

建设新都——圣彼得堡

彼得一世在俄罗斯国内也实行了许多重大改革。莫斯科一直是俄罗斯的首都,从 1703 年开始,彼得一世开始修建新都,选址在涅瓦河河口三角洲,涅瓦河是通向波罗的海的要道。牵制瑞典;俄罗斯唯一的贸易港阿尔汉格尔斯克距欧洲太远,十分不便;遍访西欧时对当地城市规划十分欣赏;从小内心对莫斯科的厌恶等理由,让彼得一世下定决心迁都。新都的名称为"圣彼得堡","堡"为"城市"之意,也就是有"彼得的城市""圣彼得(圣伯多禄)的城市"的双重含义。

建成后的圣彼得堡,城市规划井然有序。贵族和公职人员聚集与此,到 1725 年,至少有 4 万人口生活在这座城市。在"日俄战争"时,参加了日本海海战的波罗的海舰队,当时就在圣

圣彼得堡彼得霍夫宫

彼得大帝 考察西欧 致力于实现现代化

彼得堡安营扎寨，养精蓄锐。

彼得一世还命令开发矿山，乌拉尔山以东的西伯利亚的资源得到充分开发。俄罗斯国内的铁生产量大大提高，兵器制造等重工业也大力发展起来。之后，俄罗斯大量出口铁，国家经济利润全面增长。有评论说，英国如果没有从俄罗斯大量进口铁，恐怕工业革命也前途未卜吧！

"女皇的时代"的到来

彼得一世晚年，为继位者问题大伤脑筋。他的皇太子阿列克谢对近代化持否定态度，两人之间剑拔弩张。阿列克谢后来逃亡维也纳，彼得一世也因此剥夺了他的皇位继承权。后来，阿列克谢被抓回俄罗斯，经过拷问和审判后被判以死刑，不久，他悲愤离世。

彼得一世第二次游历欧洲时造访了凡尔赛宫，之后不久，1725年，52岁的彼得一世因膀胱炎去世。

彼得一世当时的皇后叶卡捷琳娜，在重臣缅什科夫强有力的支持下，登上了皇位。因彼得一世制定的王位继承法中，并没有规定性别，她才能顺利继位。

18世纪的俄罗斯，除了叶卡捷琳娜一世，继承了彼得大帝江山的还有叶卡捷琳娜二世等其他四名女性，所以，这一时期的俄罗斯也被称为"女皇的时代"。

可以说，正是由于彼得一世对西欧的深厚兴趣，才能让俄罗斯在政治、产业、军事等方面取得长足发展，为俄罗斯成长为近代强国打下了坚实的基础。

微观世界史 帝王篇

玛丽亚·特雷西娅

借助政治联姻提高影响力的名门之母

近代欧洲,有多位君王致力于封建制度改革,他们被称为"开明专制君主",玛丽亚·特雷西娅也位列其中。当时,风头正劲的普鲁士王国给神圣罗马帝国带来巨大威胁,在这一背景下,特雷西娅在一片反对声中继位奥地利哈布斯堡王朝大公。她上台后,积极与法国建立同盟,打开外交局面,极力恢复奥地利的国际影响力。

后来她与长子约瑟夫共掌朝政,他们进行了多项改革:加强中央集权、通过教会制定一系列举措减少地方贵族对农民的剥削等。

<生卒> 1717年—1780年
<在位> 1740年—1780年(奥地利大公)
奥地利大公国、匈牙利王国、波西米亚王国

为什么她是皇帝的骨肉却不能称为"女皇"？

欧洲王室中，一人身兼多国国王的情况并不罕见。玛丽亚·特雷西娅主要的头衔是奥地利大公、匈牙利女王。虽然她是统治神圣罗马帝国的哈布斯堡王朝正统的继承人，却不能被称为"女皇"。帝国的皇帝只能由她的丈夫弗朗茨一世担任。这是因为，历代罗马皇帝中，并没有出现过女性执政者。

哈布斯堡王朝从15世纪开始独占神圣罗马帝国的皇位，并与帝国内外许多王族缔结了婚姻关系。当时，哈布斯堡王朝的飞地遍布欧洲各国。

"欧洲三十年战争"从1618年持续到1648年。欧洲各国纷纷介入这场由神圣罗马帝国和新教派诸侯掀起的战争，许多诸侯国也因此摆脱掉哈布斯堡王朝的统治，获得了更多的自治权。

不过，17世纪后半期，利奥波德一世带领神圣罗马帝国击退了奥斯曼土耳其帝国的进攻，将匈牙利、捷克、罗马尼亚归于神圣罗马帝国的统治之下，帝国重返荣光。

1700年，西班牙的哈布斯堡王朝断嗣，法国与西班牙围绕继承权发起战争，最终法国波旁王朝的旁系后裔继承了西班牙王位。而原属西班牙哈布斯堡王朝的南尼德兰、意大利的米兰、那不勒斯王国、撒丁岛等地的统治权，被奥地利哈布斯堡王朝所继承。这样一来，神圣罗马帝国强大的影响力已经不再仅限于中欧，而是波及到西欧、地中海沿岸。

另外，经过西班牙王位继承战争，德国北部的普鲁士公国升级为普鲁士王国，成为新教派诸侯国中势力最大的一派。

玛丽亚·特雷西娅出生时，哈布斯堡王朝的东西方向，分别面临着法国和普鲁士王国的虎视。

最初,她并没有被视为王位继承人,所以几乎没有关于特雷西娅幼年时期的记录。

少女时期的特雷西娅收到许多王公贵族的联姻请求,这其中也包括她这一生最强大的宿敌——腓特烈二世。腓特烈二世比特雷西娅年长5岁,1740年即位普鲁士国王。

腓特烈二世是一位颇有修为的君主,他发展国内产业、保障国民宗教自由、完善学校制度,被誉为坚持由上而下推行改革的"开明专制君主"的代表。

玛丽亚·特雷西娅19岁时,与表哥洛林公爵弗朗茨成婚。当时这桩婚姻组合引人侧目。弗朗茨虽一直生活在妻子的光环之下,但是他善于筹措私人资产用于军费,富有经济才干。

玛丽亚·特雷西娅的父亲查理六世1713年在国事诏书(家督继承法)中明确记载:女性也能作为长子继承的对象。查理六世的长子利奥波德早夭,1740年,他的长女特雷西娅继承王位。

当时,神圣罗马帝国皇帝的位置,需由王公贵族们担任的"选帝侯"选举后决定。普鲁士国王腓特烈二世向特雷西娅提出:"要想我支持你的丈夫弗朗茨,你必须把工业地带西里西亚让给普鲁士。"特雷西娅没有答应,随后普鲁士军队强行入侵西里西亚。法国也火上浇油,奥地利王位继承战争就此爆发。

年仅23岁的玛丽亚·特雷西娅并没有充分学习过治国方略,虽为君主,在这种危机关头也六神无主。奥地利哈布斯堡军队顽强抵抗,国家岌岌可危。被逼无奈的女王在匈牙利议会上哭诉自己的苦境,请求给予支援。匈牙利贵族被柔弱的女王所打动,决定团结一致,奋战到底。

后世流传的一幅画上，描绘了特雷西娅带着襁褓中的皇子约瑟夫出席匈牙利议会的场景，但这只是后人的创作，史实并非如此。

1742年，在玛丽亚·特雷西娅反对派的拥护下，巴伐利亚王国的查理七世即位神圣罗马帝国皇帝。1745年，查理七世突然去世，特雷西娅的丈夫弗朗茨成为神圣罗马帝国皇帝。奥地利王位继承战争还在继续，直到三年后，以普鲁士获取了西里西亚的主权而告终。

与敌国联手进行"外交革命"

普鲁士在腓特烈二世的带领下，迅速成长为欧洲大国。玛丽亚·特雷西娅为与其抗衡，积极推动各项改革。过去，奥地利地方贵族领主的权力较大，特雷西娅完善中央集权的政治体制，开设培养得力官员的特雷西娅学校。

1756年，大不列颠王国（英国）与普鲁士签订了规定互不侵犯的《白厅条约》。因北美等海外殖民地问题，与英国纷争不断的法国，对这一事态高度警惕。

外交官出身的奥地利君主国首相考尼茨，深得特雷西娅信任。他抓住时机，主动与法国结盟。16世纪开始，奥地利哈布斯堡王朝就与法国波旁王朝势不两立,这次结盟史上称为"外交革命"。紧接着，同样对普鲁士的迅速发展高度关注的俄罗斯伊丽莎白女皇，也加入了该同盟。

处于"反普联盟"包围之下的腓特烈二世，深知绝不能坐以待毙，他先下手为强，进攻萨克森王国，"七年战争"就此拉开序幕。大不列颠王国虽未介入欧洲本土的战争，但在北美和印度与法军冲突不断。

被各国军队包围的普鲁士王国一度陷入绝境，不料俄国伊丽莎白女皇突然病逝，继位的沙皇彼得三世倒向普鲁士一边，使得局势逆转，"七年战争"的结果是：西里西亚地区主权仍归普鲁士所有，战争宣告结束。

玛丽亚·特雷西娅随后又开辟波西米亚代替西里西亚作为新的工业基地，致力于发展手工业、振兴贸易、完善交通网等各项事业。

晚年与子女们矛盾不断

1765年，丈夫弗朗茨一世去世后，她的儿子约瑟夫二世即位神圣罗马皇帝。此后，母子二人共掌朝政。

约瑟夫二世受到推崇近代法治主义的启蒙思想家孟德斯鸠、卢梭、伏尔泰等人的影响，认为人的价值并不是由血统和家世决定的。

玛丽亚·特雷西娅思想上虽略为保守，但她比约瑟夫二世更像一位"开明专制君主"，她开展了一系列改革：废除天主教会的免税特权、减轻地方领主对农民征收的赋役等。

包括约瑟夫二世在内，特雷西娅一生生育了十六名子女，其中有五个男孩。她安排自己的三个儿子和两个女儿与意大利波旁王朝的王族联姻，并十分重视与统治着法国的波旁王朝的关系，特雷西娅最小的女儿——玛丽亚·安托瓦内特，于1770年和法国皇太子路易（路易十六）结婚。

不过，这些子女与特雷西娅的关系一言难尽。二女儿安娜体弱多病，不适合政治婚姻，因此遭到母亲疏远。娇美的四女儿克里斯蒂娜备受宠爱。特雷西娅认为最像自己的十女儿卡罗利娜也和母亲一样嫁入那不勒斯王国,并不顾母亲的忠告,积极参与政务。她还通过信件训斥第十一个女儿玛丽亚·安托瓦内特的生活态度问题。

作为母亲的特雷西娅,对孩子们怀有深切的感情;与此同时,性格上与孩子们不和,作为君主对子女政治上的安排等,让她在子女关系问题上评价不一。

历经两代打造"文化之都"

1780年,63岁的特雷西娅逝世后,约瑟夫二世大刀阔斧地推动改革。宗教宽容法令保证了新教徒的信仰自由,犹太教

维也纳国家歌剧院

徒的地位有所提高。另外，约瑟夫二世还致力于贫民救济事业；废除了将农民当作领主私有财产的农奴制；制定刑法典，规定废除拷问和死刑。

特雷西娅在世时，安排女官和侍从打扮成普通民众，听取民声；她还与普通民众一样讲着带有维也纳口音的德语；经常举行歌剧演出和音乐会等文化活动，深得民心。约瑟夫二世在此基础上，继续推动文化事业发展，放宽出版物的审查制度，报纸和杂志的发行量大大提高。渐渐地，许多艺术家和作家、学者都聚集于此，音乐家海顿、莫扎特、贝多芬是其中的代表人物。

约瑟夫二世的举措得到民众好评，但同时，他计划在巴尔干半岛扩大势力范围，介入了俄国和土耳其的战争。但事与愿违，最终奥地利仅分得零星利益。后来他亲自出战，却不幸罹患结核病，于1790年去世。

经特雷西娅和约瑟夫母子两代君主的努力，奥地利从诸侯和教会束缚民众的一个中世纪状态的国家，蜕变为一个近代国家。

如今，"文化之都"维也纳仍光彩熠熠；工业国家捷克依然繁荣；畜牧业发达的匈牙利称为欧洲首屈一指的食材产地。不得不说，中欧各国各地区的特性，都有特雷西娅和约瑟夫执政时期打上的烙印。

微观世界史 帝王篇

拿破仑一世
亲率国民军队出征的"查理再世"

"经过选举登上王位的君主",欧洲历史上并不少见。拿破仑便是其中一位。"法国大革命"结束后,立下赫赫战功的军人拿破仑,在议会上得到支持、被公民投票选举为皇帝。

持续至今的近代国家,是指由国民参与管理政治与军事成立的国家。王公贵族被排除在外。这是"法国大革命"取得的硕果,将其在各国推广开来的,正是颁布了"承认法律法规制约下的平等"的民法典、率领征兵制建立起来的"国民军队"征服西欧大部分地区的拿破仑。

〈生卒〉1769年—1821年
〈在位〉1804年—1814年、1815年
法兰西帝国

作为"皇帝"而不是"国王"即位

拿破仑在 1804 年 5 月作为皇帝即位。他自称为皇帝而不是国王,并且不仅仅是法国皇帝,准确来说是"法国人民的皇帝"。他为何会得到这一称号呢?

法国从 10 世纪开始,历经卡佩王朝、瓦卢瓦王朝、波旁王朝,直到 18 世纪末,"法国大革命"后建立了共和制。

天才军人拿破仑,数次击退与法国政府为敌的国内外敌军,深得民心,1799 年,他成为法兰西第一共和国执政官,实权在握。同时,他希望既能延续大革命衍生的新体制,又期待通过世袭君主制确保自身的地位。为了表明与波旁王朝等过去的一些王朝的不同,他选择以"皇帝"的名号登基。即位时,议会元老院的决议和公民投票结果都宣布支持拿破仑。这一点从"法国人民的皇帝"这个称号也可得知。

由军事司令官成为独裁,这一步棋走得与古代罗马帝国的恺撒大帝十分类似;得到议会的支持登上皇位这一做法堪比奥古斯都。拿破仑为了显示他的战功,比起奥古斯都,他更愿意自誉为"恺撒大帝"。同时,他还自认为是重构了中世西欧(包括法国、德意志、意大利在内)的查理大帝(查理曼)再世。

在大革命中应运而生的国民军

1769 年,拿破仑出生于地中海科西嘉岛一个没落贵族家庭。此地在他出生的前一年,刚刚沦为法国领地。在那之前,一直属于意大利的热那亚共和国,意大利文化对科西嘉岛的影响远超法国。拿破仑出生的那年,与法国皇太子路易(路易十六）和玛丽·安托瓦内特缔结婚约是同一年。

当时的法国，工商业的发展促使新兴富裕市民阶级（中产阶级）人数不断壮大。与此同时，法国四处参战，高额的军费和粮食欠收，导致国家财政不断恶化。

1789 年，为了解决税收问题，路易十六召开了由教士（第一等级）、贵族（第二等级）和市民（第三等级）参加的"三级会议"。从 1774 年路易十六登上王位算起，这个会议已有 15 年未召开了。

在"三级会议"上与贵族发生冲突的市民代表，与一部分贵族共同结成"国民议会"。不久，因广受公众支持的财务大臣内克尔被免职，触犯众怒，群众发起暴动，为获取武器攻占了巴士底狱。这是"法国大革命"的开端。国民议会废除了封建制度，发表倡导人民主权的《人权宣言》。这一年，拿破仑年仅 20 岁，还只是一名炮兵士官。

大权被国民议会掌握，路易十六一家企图逃往国外，计划败露，一家被幽闭在宫殿（史称"瓦内纳逃亡"）。

1792 年开始，法国年满 21 岁男子享有选举权，"国民公会"取代了国民议会。国民公会宣布废除王政，采取共和制（法兰西第一共和国），并对路易十六采取判决。判决认定有罪，路易十六第二年被处死。路易十六的死，给欧洲各国当权者造成极大恐慌，害怕大革命的余波殃及自己的国家。因此，大不列颠王国（英国）、普鲁士、奥地利等，在 1793 年组成"反法同盟"。

法国政府为了应对以上各国，制定了"全民皆兵"的征兵制。这标志着，不服务于王公贵族，而由普通国民保家卫国的军队诞生了。政府依赖国民军，以维持国家体制，就在这种大环境下，拿破仑登上了历史舞台。

以最新的宣传媒介展示自己

1795年，拿破仑成功镇压了保王党，并在此战役中崭露头角。年仅26岁的他荣升为法国陆军总将。他之所以年纪轻轻就能担此重任，也是由于之前那些位高权重的人，都在"法国大革命"中销声匿迹了。

第二年，拿破仑远征意大利，大胜奥地利军。同时，为了摧毁英国和印度的通商之路，他远征埃及。在埃及，为鼓舞士气，他喊到"将士们，4000年的历史，在金字塔上看着你们"，

《拿破仑翻越阿尔卑斯山》油画

拿破仑一世 亲率国民军队出征的"查理再世"

这是拿破仑惯有的风格。

就在这个时期，法国国内形势动荡不安，人民期待能有一个强有力的新政府出现。1799年，回到法国的拿破仑发起了"雾月革命"。这原本是法国政府督政西哀士和警务大臣富歇等人筹划的，拿破仑却趁机掌握实权，就任法兰西第一共和国执政官。拿破仑牢牢掌握军事大权，并宣布"大革命是按发动革命时的那些原则确定的，现在革命结束了"。他力图制衡保守派和激进派，维持政权稳定。

1800年，拿破仑越过阿尔卑斯山脉进攻意大利北部，击破了奥地利军队的防御。这赫赫战功，通过当时正处于迅猛发展阶段的报纸，大力宣传，法国民众为之癫狂。

战场上，拿破仑接连取胜。1802年，法国以战胜国的姿态与英国暂时休战。拿破仑就任法兰西第一共和国终身执政，确立了独裁体制。但是，保王党对他的恐怖袭击和暗杀从未消停。为了让波旁王朝复辟势力彻底闭嘴，35岁的拿破仑作为拿破仑一世即位皇帝。即位典礼上，他打破罗马教皇为国王加冕戴冠的惯例，自己亲手将皇冠戴在头上。这也是为了让民众看到，法兰西帝国与遵从天主教会权威的历代王室截然不同。

制定了如今仍在使用的民法典

从第一执政官时期，拿破仑就一边制定中央集权的政治体制和经济秩序，一边调停包括贵族、大地主和教士在内的传统保守派与大革命之后建立的新制度和价值观之间的矛盾冲突。

具体举措如下：首先，1800年成立了法兰西银行。它垄断全国货币发行权，统一国内货币，有效维持了财政稳定。

与过去的统治阶级关系盘根错节的天主教会，在大革命后，与政府关系不断恶化，为改变这一局面，拿破仑与罗马教皇厅签署政教协议（1801年《教务专约》）。拿破仑政府承认国内信教自由，天主教和新教派、犹太教一样，同为国家承认的宗教。

　　拿破仑称帝前夕，颁布了《拿破仑法典》。这部民法典明文规定了，法律面前人人平等、人人享有思想自由、私人财产所有权等。《拿破仑法典》成为各国的立法规范。这部法典在细节上经过多次修订完善，沿用至今。日本明治时代制定的民法，也是以《拿破仑法典》为参考。

　　1802年，为表彰将士，拿破仑设立法国荣誉军团勋章。即位皇帝后，又建立了贵族制度，并设爵位。以上荣誉都无关血统，采取论功行赏，为共和国选拔精英新贵。否定贵族制度的革新派认为，这些举措是对大革命的背叛，引发了他们的强烈反对。但是在大革命后的战争中崭露头角的军人、新兴市民阶层、担心革命矫枉过正的贵族等群体，对这些举措极为拥护。

　　极富个人魅力的拿破仑，也是一个极度自信的人。他有一句广为人知的名言"我的字典里没有不可能"。据说这源于在西班牙作战时，拿破仑的手下向他报告"我们不可能突破敌军防御"，他条件反射般说道："不可能？法语里没有这个词！"

　　拿破仑少年得志，再加上又来自于偏远的科西嘉岛，在与法国上流社会打交道方面，多得益于比他年长六岁的妻子——约瑟芬。约瑟芬出身贵族，人脉极广，深受广大国民爱戴。遗憾的是，她与拿破仑之间没有子嗣。拿破仑为传承自己高贵的血脉，在得到罗马教皇的许可后，与同甘共苦的约瑟芬离婚，紧接着与比自己小20多岁的奥地利哈布斯堡王朝的玛丽·路

拿破仑一世　亲率国民军队出征的"查理再世"

易丝再婚。

拿破仑的这一系列举措，饱受各国王侯贵族、大革命时期狂热支持他的民众诟病，最终导致他失去人心。

不敌严寒　封锁大陆以失败告终

反法同盟在拿破仑即位后，依然不断干涉法国。

作为反击，1805年10月，法国海军计划登陆英国本土，但是却在"特拉法尔加海战"中败给独臂指挥官纳尔逊率领的英国舰队。

同年12月，在"奥斯特里茨战役"（"三皇会战"）中，拿破仑亲自率领大约由75000人组成的法国军队，与奥俄联军作战。奥俄联军兵力是法军的三倍，在这种情势下，拿破仑以少胜多，奇迹般获胜。为纪念这次战争大获全胜，拿破仑命令在巴黎修建凯旋门。但是，直到他去世后，凯旋门才竣工。

拿破仑将西德意志诸邦，从神圣罗马帝国分裂开来，又把势力范围扩大到西班牙和意大利等国。同时，他为阻断欧洲各国与英国的贸易往来，执意推行封锁大陆政策，但是英国还另有北美及印度等通商渠道，封锁大陆对英国的杀伤力极为有限，反倒招致其他想与英国有贸易往来的欧洲国家对法国的做派十分反感。

法国的独断专行，引发西班牙马德里居民起义反抗；俄罗斯也不顾大陆封锁，重启与英国的贸易往来。拿破仑因此决定出兵远征俄罗斯，但是面对俄罗斯广袤的国土和彻骨的严寒，法军元气大伤。第二年，在"莱比锡战役"中，俄奥联军大败法军。

凯旋门

1814年3月，反法联盟军占领了巴黎。法军内部发起政变，拿破仑被迫退位，随后被流放至意大利的厄尔巴岛。

1815年3月，就在各国忙于召开关于建立战后新秩序的"维也纳会议"之际，拿破仑逃出厄尔巴岛，回到巴黎复位。但是，同年6月，在"滑铁卢战役"中，他败给反法同盟军并被逮捕。这次短暂的复位，史称"百日王朝"。

这次，拿破仑被流放至非洲西南部英属圣赫勒拿岛，1821年他长眠于此。拿破仑去世19年后，遗骸才被运回法国。

皇帝种下民族主义的种子

拿破仑失势后，法国波旁王朝复辟，路易十八即位，王政得以恢复。欧洲各国也忙于恢复"法国大革命"之前的旧王朝和封建秩序。这被称为"维也纳体系"。

尽管如此，经过"法国大革命"，贵族渐渐没落，富裕资产阶级不断壮大，这也必然会导致新兴力量反抗传统权威。1830年爆发了"七月革命"，法国推翻复辟波旁王朝，坚持自由主义的君主立宪制王朝——奥尔良王朝登上历史舞台。1848年，法国爆发"二月革命"，其影响波及奥地利和德意志等国。

"二月革命"让法国恢复共和制（建立法兰西第二共和国），拿破仑曾经的支持者和军人，拥护拿破仑的侄子路易当选总统。路易通过国民选举称帝登基，称为拿破仑三世，开启了法兰西第二帝国。拿破仑三世执政期间，热心国内基础设施建设，为巴黎完善下水道系统、铺路修桥；大力推动法国产业现代化进程。但是，由于1870年在"普法战争"（"德法战争"）中惨败，拿破仑三世失势。

19世纪，率领"国民军队"所向披靡的拿破仑深深刺激了欧洲各国，掀起了欧洲各国民族主义浪潮。可以说，近代国家中一大部分，都是在拿破仑留下的体系上建立起来的。

微观世界史 帝王篇

威廉一世

即位并非本意却统一了德意志

19世纪，欧洲各国民族主义情绪高涨，也因此诞生了许多新兴国家。这其中的德意志帝国，将分离了数百年的众多小国联合在一起，也可称得上是一个"人造国"。

德意志帝国的第一位皇帝威廉一世只想做"普鲁士国王"，并不想成为"德意志皇帝"。讽刺的是，德意志不受威廉一世意志的影响，走向了统一。统一的德意志帝国，给欧洲带来了怎样的影响呢？

<生卒> 1797年—1888年
<在位> 1871年—1888年（德意志皇帝）
德意志帝国

19世纪初期才出现"德意志"

21世纪的今天,德国约有8200万人口,仅次于俄罗斯,是当之无愧的欧洲大国。

德意志帝国第一位皇帝威廉一世,出生于1797年。当时,在如今德国的土地上,以北部的普鲁士王国为首,还分布着萨克森、巴伐利亚等众多小国,还有汉堡等享有自治权的一些城市。各国的领土中还包括分属世界各地的飞地,税费制度和行政管理都十分复杂。再加上,原本在形式上统一了德语圈各国的神圣罗马帝国,1806年被拿破仑一世率领的法军击溃,被迫解体。

威廉一世画像

拿破仑一世侵入德语圈各国时,年幼的威廉一世是普鲁士王子。威廉曾一度亡命俄罗斯,1813年,16岁的他作为陆军将校参加了反对拿破仑统治争取独立的德意志解放战争。

被法军占领的德语圈各国,随后也受法国影响,各国民族主义情绪高涨。因此，1815年以奥地利帝国代表为邦联议会主席、由35个君主国和4个自由市组成的"德意志邦联"诞生了。

到了1834年，又建立了"德意志关税同盟"。第二年，巴伐利亚境内开始铺设铁道。铁道网络在普鲁士、巴登等国都日渐完备，随着交通的快速发展，德语圈各国间形成了一个强有力的经济圈。

兄长拒绝皇帝之位

19世纪的德语圈国家，有两大运动在同时进行：一是要求国民参与政治的革命运动；二是要求德意志统一的运动。小国分立的状态之下，各地居民在自己的区域十分闭塞，政治决策大都在王族和大臣之间私断，这种局面严重阻碍了国民具有选举权的近代法治国家的形成。

1848年，法国爆发"二月革命"，其巨大影响波及了德语圈各国，紧接着这些国家发起了"三月革命"。威廉一世的哥哥、当时的普鲁士国王腓特烈·威廉四世安排他以外交使节的名义，逃往英国避难。

支持"三月革命"的市民、学者和信奉自由主义的官僚们，成立了"法兰克福议会"，以期商讨统一德意志之事宜。他们围绕"未来统一的德意志是否应该包含奥地利"（大、小德意志主义）展开了激烈争论。

争论的关键点在于，奥地利是一个多民族国家，除了德意志人，还生活着捷克人和匈牙利人。

而奥地利也在宪法上明确宣示，国家不可分裂。结果，该议会上支持小德意志主义的呼声更高，1849年，腓特烈·威廉四世被选为德意志皇帝。

谁料，腓特烈·威廉四世义正词严地拒绝了皇位。他认为，该议会只不过是一个民间团体，并没有得到各国诸侯和外国君主的支持。就在此时，威廉也返回了普鲁士，他作为军队司令官镇压了革命势力。

革命平息之后，腓特烈·威廉四世为安抚民心，制定了宪法，并成立了议会。1858年，他一病不起，政务交由威廉代为执行。

威廉在"法国大革命"前，是一个不折不扣的保守派，他强烈推崇并维护各国王朝的正统性。而替兄长执政时期的威廉，已变得较为能够接受稳健自由主义思想了。这也是多重因素影响下的结果，例如，威廉的王妃奥古斯塔是一位比较崇尚自由的女性，再加上儿子腓特烈（腓特烈三世）的妻子维多利亚公主，来自"议会制之母"——英国。

1861年，腓特烈·威廉四世去世，没有留下子嗣，威廉继承王位，称威廉一世。

国际上的重大问题　要用铁与血来解决

从兄长手中继承了王位的威廉一世，最先面临的挑战就是军制改革。他计划将原本为2年的兵役延长到3年，削减七拼八凑的民兵队，扩张训练有素的正规军。这样一来，军队就会占用大量劳力，工商业者十分不满，强烈反对。此时，陆军大臣罗恩表示，只有强硬的领袖才能让议会的反对派闭嘴，他向威廉一世推荐由原外交官俾斯麦担任首相。

俾斯麦出任首相后，发表了著名的"铁血演说"，"现在国际上的重大问题，都不能靠言论和表决，而要用铁与血来解决"。因此，他也被称为"铁血宰相"。俾斯麦虽给人武断的印象，但其实他并没有从军经历，担任首相之前，他做过驻俄和驻法大使。俾斯麦擅长与国内外各种势力交涉和周旋，战争只是达到目的的手段之一。

1864年，俾斯麦联手奥地利对丹麦发起战争，将德意志系居民较多的、石勒苏益格—荷尔斯泰因北部地区收入囊中。奥地利占领了南部地区，这也成了两国战争的一个导火索。

为争夺德意志统一的主导权，普鲁士与奥地利之间摩擦不断，直到1866年爆发了"普奥战争"。威廉一世委任总参谋长毛奇担任总指挥，军制改革的优势在此战中完美展现，普鲁士军队仅仅用了7周，就大获全胜。

战后，俾斯麦倡导建立以普鲁士为中心的"北德意志联邦"。威廉一世不愿滥用武力，希望能以德服人，得到德语圈各国王室的尊重。但是俾斯麦我行我素，废除了汉诺威公国和黑森选侯国的王位，普鲁士将它们吞并。

登上皇位　并非心之所愿

"普奥战争"胜利后，因争夺莱茵河沿岸地区的归属权，普法两国剑拔弩张。

这场"普法战争"（"德法战争"），普鲁士得到了德意志南部的巴伐利亚等国的支持，战势很快倒向普鲁士一边。1870年9月，拿破仑三世投降，被普军俘虏。俾斯麦乘胜追击。1871年1月，威廉一世在被普军占领的巴黎凡尔赛宫，加冕为德意志帝国皇帝。

俾斯麦统一德意志的目的在于：外交上确保了普鲁士的立场和地位；遏制了德意志内部由下而上借着统一的口号，不断发起的革命运动。反观威廉一世，他自身并不愿意登上帝位。虽说都是德语圈国家，在过去漫长的几百年中，各国都是独立状态，生活习惯及语言都已相去甚远。威廉一世心中的祖国不是"德意志"，而是"普鲁士"。德意志境内其他国家的国王，如巴伐利亚的路德维希二世等，也与威廉一世有类似的想法。

德意志帝国成立后，俾斯麦竭力避免对外战争，埋头维持帝国稳定。为防止帝国处于英、法、俄三国包围之中，俾斯麦与奥地利、俄罗斯结成了"三帝同盟"，这个德、俄联盟加剧了俄罗斯与英国关系恶化进程。

在德意志北部新教派居多，南部巴伐利亚等地区天主教徒为主。俾斯麦认为，宗派不同会阻碍国民意识的统一，他开展

俾斯麦纪念碑

"文化斗争"，将天主教会与学校教育剥离开来，并镇压社会主义运动。另外，随着工业的发展，劳动者不断增加，为得到劳动者的支持，避免爆发工人运动，他积极引入劳动保险等社会保障制度。

威廉一世并没有把所有政务都委任给俾斯麦。虽然加冕成为皇帝不是他的本意，但他仍深切关心帝国经济，并努力与各国王族维持良好的关系，也不时照拂与俾斯麦意见不合的阁僚。

德国可谓欧洲的中心

1888年3月，90岁高龄的威廉一世在临终前，还因外交问题四处周旋，并自言自语"连喘口气儿的时间都没有"。

威廉一世去世后，他的儿子腓特烈三世继位。腓特烈三世是一名亲英派，对国内的自由主义者也持友好态度。不幸的是，他仅仅在位3个月就突然去世。接着，腓特烈三世的儿子威廉二世继位，与爷爷威廉一世截然不同，威廉二世即位伊始，就有作为"德意志皇帝"的大国意识，外交上并不避讳与英国和俄罗斯的冲突。

之后，德意志帝国积极参与第一次世界大战，作为战败国的德意志帝国在1918年土崩瓦解。国民被迫背上巨额赔款，怨声载道。在国内期待伟大帝国复兴的呼声中，极端排外的纳粹政权登上舞台，第二次世界大战拉开序幕。

"二战"后，德意志归战胜国统治，冷战期间又分裂为东德和西德。1990年，德意志再次统一为德国，不断谋求发展，立志成为经济大国。

德意志的历史可以追溯到第一代神圣罗马帝国皇帝奥托

一世，经历了中世纪的领邦国家体制、近代帝王制、20世纪的东西分裂期，现在的德国是一个联邦制国家，并成了欧洲的中心。

微观世界史
帝王篇

维多利亚女王
"欧洲祖母"引领着属于英国的世纪

19世纪后半期的英国,常被称为"大英帝国"。铸造了这个辉煌时代的正是维多利亚女王,她在位长达64年并确立了君主立宪制;在亚洲、非洲、美洲大陆攫取大片的殖民地;积极与欧洲各王室开展外交。

罗马帝国给欧洲带来的稳定发展时期,被称为"罗马和平"时期;英国统领世界的时代,被称为"不列颠治下的和平"。

<生卒> 1819年—1901年
<在位> 1837年—1901年
大不列颠及爱尔兰联合王国

母亲和丈夫都是德国人

在19世纪后半期,英国将加拿大、澳大利亚、香港、新加坡、印度、南非等都划为势力范围之中,也就是说陆地面积的四分之一都在英国的统治下。维多利亚女王创造了这空前的繁荣,虽然她身为英国君主,但据说与家人之间一般用德语交流。

18世纪初,苏格兰的斯图亚特王朝统一了英格兰和威尔士,形成了现在英国的原型。但当时的安妮女王无嗣,1714年,

维多利亚女王画像

人们从她的亲族中挑选出德意志的汉诺威选帝侯——乔治一世继位，并开创崭新的汉诺威王朝。

也就是说，汉诺威王朝是德系王室。之后，爱尔兰王国统领这个王朝，并于1801年成立了"大不列颠及爱尔兰联合王国（英国）"。

维多利亚女王的父亲肯特和斯特拉森公爵（爱德华·奥古斯塔斯）生于伦敦，而母亲维多利亚出身于德意志萨克森，不太会说英语。维多利亚的名字来自母亲的名字的英语读音，在当时并不像英国人的名字。另外，肯特和斯特拉森有三个哥哥，维多利亚出生时，按照王位继承顺序排在第五位。

维多利亚出生后不久，她的父亲留下未偿还清的债务去世。维多利亚和她的母亲，遭到叔父等王室成员冷遇，伦敦的白金汉宫里没有她们的容身之处。

维多利亚的少女时代十分坎坷，她也完全无心王位。据说直到11岁时，听说自己也有继位的可能性，维多利亚放声大哭。后来，三位叔父相继早逝，1837年，18岁的维多利亚登上王位。

继位两年后，维多利亚女王与和自己同岁的表弟——汉诺威王朝的阿尔伯特亲王结婚。阿尔伯特也出生于德意志萨克森，女王夫妇基本是用德语交流。因此，英国国民对这对夫妻并不抱有亲近感，但是女王夫妇伉俪情深，他们的恩爱形象，成为19世纪后半期英国上流社会家庭的典范。

英国殖民地扩张　迎来红茶时代

维多利亚女王登基时，英国动荡不安。

18世纪后半期，蒸汽机的普及带动纺纱机问世，棉布产量大大增加，工业革命就此拉开帷幕。伴随着煤炭开采量不断增加，大型炼铁炉投入生产，在1828年至1840年的短短12年间，钢铁生产效率翻倍；1830年，连接工业地带曼彻斯特和贸易港口利物浦的铁路建成通车。

英国扩大工业生产力，成效显著，因此也被称作"世界工厂"。

蒸汽轮船的普及，让英国通往海外更为便捷。以英国为首的欧洲列强，急需为批量生产的武器和商品寻求海外市场。因此，他们开始在亚洲和非洲扩张殖民地势力范围，走上了帝国主义之路。

维多利亚女王统治时期也被称为"维多利亚时代"，大家一定对这个时期英国上流社会人士优雅地喝着红茶的印象十分深刻。女王继位之际，便指定红茶销售厂家川宁为皇室御用品牌。这种做法本身，也是帝国主义政策下产生的文化现象。英国从17世纪开始，通过东印度公司在印度扩大殖民地面积。随着工业革命不断推进，英国形成了这样一种三角贸易：英国向印度大量出口纺织品；将印度生产的鸦片卖给中国清王朝；从中国获取茶叶运往英国。

但是，清政府很快意识到了鸦片的毒害性，以及因购买鸦片造成的大量白银外流问题，拒绝与英国通商。鸦片战争就此爆发。英国作为战胜国，占领香港为租借地。香港沦为英国在亚洲地区攫取利益的基地，英国进一步扩大在亚洲市场的势力范围。

英国不断推进在印度的殖民化进程，1857年印度爆发了大规模反英运动（印度兵变），英国镇压了这次叛乱后，维多利亚女王决定全面统治印度，并作为印度女皇登基。

在欧洲，英国君主的称呼，自古以来就是国王（King）而不是皇帝（Emperor）。对一直想被称为"女皇"的维多利亚女王来说，占领印度帮她实现了夙愿。

政治联姻与"光荣孤立"

1853年，克里米亚战争爆发。英国与法国、土耳其、意大利的撒丁王国结盟，阻止俄罗斯在黑海扩张势力范围。维多利亚女王亲自慰问从前线回国的受伤士兵，并与随军护士长南丁格尔会谈，听取并接受了她提出的医院整改方案。

在这场战争中，大败俄罗斯的英国，获得的实际利益虽然不多，但极大提高了自身在国际上的发言权，女王也有志于担当起调和各王室间关系的角色。

长女维多利亚公主与女王同名，她在1858年与普鲁士王国的皇太子腓特烈成婚。随着夫君登上德意志皇帝的宝座（腓特烈三世），她也成了德意志皇后。维多利亚女王的二女儿爱丽丝公主，与德国黑森大公结婚，她所生的女儿也就是维多利亚的外孙女亚历山德拉，后来与俄罗斯皇帝尼古拉二世成婚。

通过与欧洲各王室缔结姻亲关系，维多利亚女王被称为"欧洲祖母"。她与遍布各国的子女孙辈通过信件交换信息，把握国际形式，积极开展王室外交。

维多利亚女王与阿尔伯特亲王之间，共育有4男5女。据说，女王性格急躁，容易暴怒，与子女关系并不和谐。特别是皇太子阿尔伯特（后来的爱德华七世），沉迷女色、行为不端，与女王关系十分糟糕。

1861年12月，女王深爱的丈夫、她的左膀右臂、年仅42岁的阿尔伯特亲王离世。在之后将近40年的漫长岁月中，公共场合女王总以丧服示人。

还未从丧夫之痛中走出来的维多利亚女王,紧接着,又面临新的外交难题。

拿破仑失势后,欧洲各国于1815年召开"维也纳会议",建立了均衡英、法、俄、普、奥五国势力的"维也纳体制"。但是随后,法国的拿破仑三世和普鲁士宰相俾斯麦企图破坏"维也纳体制",以达到扩张国家势力的目的。维多利亚女王因此对二人采取敌视态度。

维多利亚女王的母亲和丈夫都出身德意志,再加上她的女儿也与普鲁士王室缔结了婚姻关系,英国国民总认为女王会对德意志唯命是从。但是,女王完全无意做德意志的傀儡,1870年,普法(德法)战争爆发,女王对这场战争保持中立。

19世纪后半期,英国坚持奉行不与任何国家长期结盟、"光荣独立"的外交政策。

逐步完善两党制和君主立宪制

维多利亚时代的英国,工商业持续发展,再加上海外殖民地的财富不断流向国内,大城市的银行家、企业家等新兴富裕市民阶层(资产阶级)不断壮大,他们在政治上的发言权也逐日增强。

18世纪以来,英国议会上就出现了两大党派:全力支持王室和国教会的托利党,以及与之对立的辉格党。维多利亚女王继位后,托利党发展成为代表贵族和地主等特权阶级利益的保守党。另外,1859年,辉格党联合其他势力成立了代表市民阶级和劳动者的自由党。从此,英国形成了保守党和自由党轮流执政的两大政党制度。

维多利亚女王继位后，一开始关于组阁和政策方面的决定，都是由女王亲自定夺，但是，随着政权在两大政党间不停轮换，对政治的主导权也渐渐交由议会，这样一来，国王"统而不治"的君主立宪制逐步走向成熟。

不过，虽说王室与政治之间的直接联系在减少，但是女王个人较为厌恶代表新兴势力利益的自由党领导人——格莱斯顿，她与代表王公贵族利益的保守党的关系更为亲密友好。

英国建立的君主立宪制及政府主导的《济贫法》等社会保证制度，为整个欧洲及制定了明治宪法之后的日本等君主国，立下典范。

1887年，维多利亚女王迎来了在位50周年，各国王公贵族为女王举办了盛大的纪念仪式。以夏洛克·福尔摩斯为主角的系列小说的第一部也在同年出版，这前后20年，英国的繁荣达到顶点。

从位于印度、东南亚、中南美等海外殖民地的大型庄园（种植园）运回的红茶、砂糖、香辛料等，在英国平民阶层中流行开来。这一时期，蒸汽轮船、铁道、煤气灯、上下水管道等也都逐渐普及。

维多利亚女王自身也经常选择铁道出行，享受社会文明进步的成果。

"欧洲祖母"老去　各国冲突激化

到了19世纪末期，随着维多利亚女王年事渐高，讴歌繁荣的大英帝国上空，也漂浮着不安的空气。欧洲列强为争夺海外殖民地，矛盾不断激化；各国的利益冲突也持续加深。

1888年，维多利亚女王的长外孙威廉二世继位成为普鲁士国王。自小和外祖母关系亲密的威廉二世，为了扩大普鲁士的势力范围，不惜制造英普间的紧张关系。

1898年，英军与法军在非洲苏丹发生的冲突被称为"法绍达事件"。形势十分严峻，英法战争一触即发。后因法国妥协，事态得以平息。1899年，英军在南非与荷兰移民后裔布尔人发生冲突，导致"布尔战争"爆发。

"布尔战争"原本只是为了争夺当地金矿和钻石的开采权，但没想到这场战争旷日持久，一直持续到了1902年。当时的维多利亚女王年事已高，视力严重下降，但她仍然亲自写信与各国王族交换信息，听取军队发来的战况报告，与政府高官商议对策。但是，女王并未能看到战争结束的那一天，1901年，82岁的维多利亚女王与世长辞。

在"欧洲祖母"去世后，通过皇室外交与欧洲各国维持的友好关系开始动摇。

1914年，第一次世界大战爆发。在这场战争中，女王分散在各国的几位孙辈：英国国王乔治五世、德意志皇帝威廉二世、俄罗斯皇后亚历山德拉，互相采取敌对态度。

维多利亚女王去世后，她的婆家汉诺威王朝改名为萨克森－科堡－哥达王朝，"一战"中国民反德情绪高涨，人们对这个德系名称颇有微词。于是，王朝再次更名，这次以位于伦敦近郊的温莎城堡为王朝名，"温莎王朝"沿用至今。

第一次世界大战中，英国虽为战胜国，但印度等殖民地的独立运动不断高涨，英国疲于应对。在这期间，国际社会的主导权也由英国渐渐移到了美国。

微观世界史 帝王篇

尼古拉二世
被时代洪流裹挟的悲惨君主

较之于无数开国君主和铸造了辉煌时代的君主,谈起末代皇帝,人们总是没有什么好话。十月革命中,尼古拉二世一脉被处决。据说,尼古拉二世本人温和有礼,但他没有带领俄罗斯走上近代化进程;宠幸妖僧拉斯普廷导致内政混乱;数次发起战争,导致国民极度穷困。

20世纪初,欧洲不断发起对亚洲的帝国主义侵略战争,尼古拉二世为何会在这一时期死于非命呢?

<生卒> 1868年—1918年
<在位> 1894年—1917年
俄罗斯帝国

与明治维新同时进行的俄罗斯近代化

2017年，电影《玛蒂尔达》在俄罗斯上映，这部电影引发巨大争议。电影讲述了100年前，因十月革命退位的尼古拉二世，在青年时期与芭蕾舞演员玛蒂尔达·克谢辛斯卡娅之间的爱情悲剧。因电影中露骨的镜头，被注重传统的保守政治家和圣职者认为"这是对逝去的皇帝的中伤"，电影招致他们强烈的批判。

十月革命后俄国建立起的苏维埃政权，一直持续到1991年。在苏维埃执政期间，外界普遍对尼古拉二世评价不高。因这部电影上映，尼古拉二世再次受到国民关注。

尼古拉二世出生于19世纪的俄国，当时还没有议会，沙皇集权力于一身，农民属于地主所有的"农奴制"盛行。与西欧各国相比，俄国十分封建落后。在尼古拉二世还未出生的1848年，法国爆发了"二月革命"，影响波及俄罗斯。但是俄罗斯政府彻底镇压了反政府的知识分子。因创作了《罪与罚》《卡拉马佐夫兄弟》而闻名于世的作家陀思妥耶夫斯基，也因此被逮捕，并被流放至西伯利亚。

1853年，为扩大在黑海·地中海的势力范围，

尼古拉二世画像

俄罗斯与由奥斯曼帝国、英国和法国组成的同盟军发生冲突，并最终升级为克里米亚战争。经过这场战争，罗曼诺夫王朝的亚历山大二世深切感受到俄军无论从组织还是技术层面都远不如英、法军队，1861 年，他颁发了"农奴解放法令"，致力于将俄罗斯推向近代化。就在各项改革混乱进行之中的 1868 年，尼古拉二世来到这个世上。

值得一提的是，领导了十月革命的列宁，在两年后出生，他们称得上是同龄人。1868 年，也是日本明治元年。

好奇心招致血光之灾

亚历山大二世虽着手于推进俄罗斯近代化，但对政府的不满情绪已然在国民中传播开来。1882 年，亚历山大二世被高呼打倒帝制的恐怖主义分子暗杀。亚历山大三世继位后，对反政府势力采取了彻底镇压的强势姿态。

少年时代的尼古拉，记忆中一直保留着祖父亚历山大二世被暗杀时血淋淋的画面，所以，他对父亲亚历山大三世的方针十分认同。

尼古拉皇太子时期，因国外资本的注入，俄罗斯的工业发展突飞猛进。为获得冬天也能正常使用的"不冻港"，俄罗斯计划朝面向黑海和地中海的欧洲方向及面向太平洋的亚洲远东方向南下（"南下政策"）。

这导致在巴尔干半岛上的塞尔维亚和保加利亚等国、高举斯拉夫族同盟（泛斯拉夫主义）的俄罗斯、日耳曼族为主的德意志和奥地利、伊斯兰国家奥斯曼帝国之间的纠纷愈演愈烈。而在远东地区，俄罗斯又围绕朝鲜半岛和满洲的利益，与日本争端不断。

1891年，在亚洲各国访问的皇太子尼古拉，与当时的希腊王子康斯坦丁一起到访日本。尼古拉对日本文化显示出极高的好奇心，他深入花街柳巷，还在手臂上纹了龙的图案。

谁料，为尼古拉一行在日期间担任安保工作的警察津田三藏，竟蓄意刺杀尼古拉，这在历史上被称为"大津事件"。日本政府担心会因此与俄罗斯发生军事冲突，明治天皇亲自出面向尼古拉赔罪才平息事态。此事也导致了尼古拉一直对日本没有好感。

事件平息后不久，尼古拉又前往俄罗斯远东地区的港口城市海参崴参加西伯利亚铁路开工仪式。继位后，尼古拉二世最重要的任务之一，便是建设这条连接了欧洲和西伯利亚的伟大铁路。这条铁路对于幅员辽阔的俄罗斯来说具有革新性意义。

日俄战争加快民主化进程

1894年11月，亚历山大三世病逝。尼古拉作为俄罗斯沙皇尼古拉二世继位。他重用财政大臣兼交通大臣谢尔盖·维特，加快重工业发展进程。

尼古拉二世登基后第二年，在甲午中日战争中获胜的日本，从清政府手中掠取了辽东半岛和台湾岛等领土。这引起了俄罗斯帝国政府强烈抗议，俄罗斯联手德国、法国对日本施加压力（三国干涉），要求日本放弃在辽东半岛的既得权益，由此导致日本国内反俄情绪高涨。

1900年，清朝统治下的中国爆发了义和团运动，要求将外国势力驱逐出中国。这次运动最终被多国联军彻底镇压。俄军趁机在满洲地区增加驻军，这引起了英国的警惕，因担心俄国在远东地区愈发张牙舞爪，英国选择与日本缔结"日英同盟"。

在此背景下，1904年2月，日本对俄宣战，打响了"日俄战争"。战争中，俄罗斯通过西伯利亚铁路向远东地区运送兵力和物资，无奈俄国的发达城市都靠近欧洲，离远东地区实在太远，供给远远跟不上。

经年累月的战争让国民苦不堪言，1905年1月，俄罗斯首都圣彼得堡爆发了大规模的反政府游行示威，这次游行最终升级为"第一次俄罗斯革命"，俄罗斯陷入内忧外患的局面，对日作战难以为继。

同年5月，被派往远东地区的俄罗斯波罗的海舰队不敌日军（"日本海海战"），惨败而归。尼古拉二世进退两难，只好接受讲和，1905年9月，日俄缔结《朴茨茅斯和约》（《日俄讲和条约》）。

次年10月，为安抚民心，尼古拉二世任命谢尔盖·维特为首相，开设国会、导入君主立宪制等，通过一系列措施推进俄罗斯民主化进程。好景不长，因不满维特大刀阔斧地推进改革，尼古拉二世很快又免去维特首相一职。继任的首相斯托雷平大力推行土地改革，但因他铁腕镇压反政府势力，最终惨遭无政府主义恐怖分子杀害。

妖僧迷惑沙皇夫妇

尼古拉二世性格温和，即使收到不好的消息也面不改色，是一个修养极高并能讲一口流利英语的君主。他在政治思想上虽极为保守，却虔诚信教、深爱俄罗斯传统文化、爱护妻子和儿女。而正是这种性格，为他招致了意想不到的灾难。

尼古拉二世的长子阿列克谢，在日俄战争中出世，他患有血友病，一旦出血就无法止住。这种病一般是遗传自女性，但是多在男性身上发作，阿列克谢的病就是遗传自母亲亚历山德拉皇后的外祖母——英国维多利亚女王。沙皇夫妇一向关爱子女，为了治好阿列克谢的病，他们尝遍了各种方法。

当时的医疗手段没能有效控制阿列克谢的病情，夫妇二人又虔诚信教，转而求助于祈祷师。巫师拉斯普廷使阿列克谢的病情有了好转迹象。尼古拉二世十分高兴，将态度粗野的拉斯普廷看作是朴素民众的代表，对他信任有加。因此，拉斯普廷在宫中肆无忌惮，玩弄权术。

1914年，第一次世界大战爆发，持久战让国民怨声载道，对拉斯普廷操纵沙皇一家招致政坛乌烟瘴气，极度不满。再加上皇后亚历山德拉是德意志出身，国民谣传她是"敌国奸细"，俄罗斯国内对沙皇一家的仇视情绪不断高涨。1916年，拉斯普廷被尤苏波夫公爵暗杀。

1917年，延续了大约300年的罗曼诺夫王朝迎来了终结。俄国"二月革命"爆发，尼古拉二世被临时政府逼迫退位。流亡瑞士的列宁回到俄罗斯，并发起"十月革命"，夺取实权。布尔什维克（之后的苏联共产党）政权成立。

革命军控制下的尼古拉二世不骄不躁，和家人一起平静度日。但是，布尔什维克政党以尼古拉二世有可能被国内外的反革命势力利用为由，未经审判，处决了沙皇一家。

从日俄战争到世界大战

尼古拉二世绝不算是一个暴君，但是他对政治改革持消极态度，在风起云涌的时代中未能从容应对。虽然如此，作为横跨欧亚大陆的俄罗斯帝国的君主，他依然是一个十分重要的角色。

从前面的内容我们也能得知，俄罗斯和日本大概在同一时期开始了近代化建设，俄罗斯在远东地区修建西伯利亚铁路，力图扩大势力范围，引发了日俄间的冲突。

"日俄战争"中的失败，使俄罗斯军事力量大不如从前。在国际社会上，"英德对立"的局面取代了以往"英俄对立"的情势。英、法、俄签订"三国协商"，形成了对德意志的包围。在远东地区受挫的尼古拉二世，转而谋求在巴尔干半岛的势力扩张，由此导致与德意志、奥地利的摩擦，这也是第一次世界大战爆发的原因之一。

第一次世界大战瓦解了俄罗斯、德意志、奥地利、奥斯曼帝国的君主制，给世界格局带来了极大变革。

苏联时期，尼古拉二世被看作是近代早期旧体制的象征，"苏共政权"瓦解后，传统价值观在俄罗斯有所恢复，对近代化进程中死于非命的牺牲者，也报以同情的态度。当时，苏联政府宣称丢弃了沙皇一家的尸体。1998年，沙皇一家的遗骨被挖掘出来，重新正式埋葬。另外，俄罗斯正教会在2000年，将尼古拉二世作为殉教者列入圣人之位。

主要参考文献

大贯良夫、前川和也、渡边和子、屋形祯亮《世界历史 1：人类的起源和古代东方》中央公论社

饭岛纪《汉谟拉比法典》国际语学社

中田一郎《汉谟拉比王法典的制定者》山川出版社

让·博泰罗著、南条郁子译《巴比伦尼亚》创元社

小川英雄、山本由美子《世界历史 4：东方世界的发展》中央公论社

Peter A. Clayton 著、藤泽邦子译《古代埃及历代法老志》创元社

Bernadette Menu 著、南条郁子·福田由纪译《拉美西斯二世》创元社

Briant Pierre 著、柴田都志子译《波斯帝国》创元社

森谷公俊《图说亚历山大大帝》河出书房新社

樱井万里子、本村凌二《世界历史 5：希腊与罗马》中央公论社

泽田典子《亚历山大大帝——如今仍在闪耀的"伟大君王"》山川出版社

鹤间和幸《始皇帝》岩波新书

大木康《史记（现代日语版）》筑摩新书

尾崎秀树等《霸道：称霸天下者之器量》经济界

Everitt Anthony 著、伊藤茂译《罗马帝国开国大帝奥古斯都》白水社

长谷川岳男、樋胁博敏《古代罗马一本通》东京堂出版

南川高志《罗马五贤帝"辉煌世纪"的虚与实》讲谈社

佐藤彰一、池上俊一《世界历史 10：西欧世界的形成》中央公论社

Paul Lemerle 著、西村六郎译《拜占庭帝国史》白水社

Pierre Maraval 著、大月康弘译《查士丁尼大帝》白水社

野中惠子《最后的罗马皇帝：查士丁尼大帝与皇妃狄奥多拉》作品社

气贺泽保规《中国历史 6：绚烂的世界帝国》讲谈社

奥平卓《人物中国五千年 5：世界帝国的盛衰 隋·唐·五代十国》PHP 研究所

井波律子《中国人物传Ⅲ：大王朝的兴亡 隋·唐—宋·元》岩波书店

外山军治编《中国文明的历史 5：隋唐世界帝国》中央公论新社

佐藤彰一《欧洲之父：查理大帝》山川出版社

五十岚修《梦幻基督教帝国 查理大帝的"欧洲"》讲谈社

Th´er`ese Charmasson 著、福本直之译《法国中世纪年表》白水社

Edward Gibbon 著、中野好之译《罗马帝国衰亡史 7》筑摩书房

宫崎正胜《伊斯兰关系图：阿巴斯王朝的交际圈》讲谈社选书技巧

佐藤次高《世界历史 8：伊斯兰世界的兴隆》中央公论社

近藤和彦《英国史十讲》岩波新书

君塚直隆《故事里的英国历史（上）》中公新书

高桥博《阿尔弗雷德大帝：英国知识分子的典范》朝日选书

坂井荣八郎《德意志史十讲》岩波新书

阿部谨也《故事里的德意志历史》中公新书

矶田晓生、Far East Amusement Research 公司《帝王列记：西洋篇》新纪元社

森护《英国王室史话》大修馆书店

Ernst Hartwig Kantorowicz 著、小林公译《皇帝腓特烈二世》中央公论新社

杉山正明《中国的历史 8：驰骋草原的征服者　辽　西夏　金　元》讲谈社

杉山正明《蒙古帝国的兴亡（上）（下）》讲谈社现代新书

杉山正明《忽必烈的挑战：蒙古通往海上帝国之路》朝日选书

冈田英弘《蒙古帝国的兴亡》筑摩新书

荷见守义《永乐帝：明朝第二开创者》山川出版社

宫崎正胜《郑和的南海大远征：永乐帝改变世界格局》中公新书

André Clot 著、滨田正美译《苏莱曼大帝与他的时代》法政大学出版局

Eugene Rogan 著、白须英子译《阿拉伯上下 500 年（上）：从奥斯曼帝国统治时期到"阿拉伯革命"》白水社

林佳世子《奥斯曼帝国的时代》山川出版社

岩根圀和《故事里的西班牙历史》中公新书

立石博高《西班牙·葡萄牙史（新版世界各国史 16）》山川出版社

西川和子《西班牙腓力二世的一生》彩流社

青木道彦《伊丽莎白一世》讲谈社现代新书

石井美树子《图说伊丽莎白一世》河出书房新社

小名康之《莫卧儿帝国时代的印度社会》山川出版社

Francis Robinson 著、月森左知译《莫卧儿历代皇帝志：印度　伊朗　中亚诸王朝的兴亡（1206—1925 年）》创元社

佐藤正哲、中里成章、水岛司《世界历史 14：从莫卧儿帝国到英属印度》中央公论社

渡边建夫《泰姬陵物语》朝日选书

石田保昭《莫卧儿帝国和阿古巴大帝》清水新书

佐佐木真《图说法国历史》河出书房新社

Roger Price 著、河野肇译《法国历史》创土社

林田伸一《路易十四与黎塞留：确立了绝对王权的君主和宰相》山川出版社

Bercé Yves Marie 著、阿河雄二郎·嶋中博章·泷泽聪子译《真实的路易十四：从神话到历史》昭和堂

谷川稔、铃木健夫、村冈健次、北原敦《世界历史 22：近代欧洲的热情和苦恼》中央公论新社

Joachim Bouvet 著、后藤末雄译、矢泽利彦校注《康熙帝传》东洋文库

石桥崇雄《大清帝国之路》讲谈社学术文库

冈田英弘《从第四代皇帝乾隆帝的信窥探大清帝国繁盛期的实像 1661—1722》藤原书店

西野宏祥编《人物中国五千年 6：异民族王朝与近代黎（宋·元·明·清·现代）》PHP 研究所

和田春树编《俄罗斯史（新版世界各国史 22）》山川出版社

栗生泽猛夫《图说俄罗斯历史》河出书房新社

土肥恒之《彼得大帝：对西欧兴趣十足的沙皇》山川出版社

江村洋《玛丽亚·特雷西娅与她的时代》东京书籍

韬野强《玛丽亚·特雷西娅与约瑟夫二世》山川出版社

菊池良生《哈布斯堡王朝的光芒》筑摩文库

Emil Ludwig 著、北泽真木译《拿破仑：英雄的野心与苦恼（上）（下）》讲谈社学术文库

Ellis Geoffrey 著、杉本淑彦·中山俊译《拿破仑帝国》岩波书店

松岛明男《图说拿破仑：政治与战争　法国独裁者描绘的轨迹》河出书房新社

长谷川辉夫、土肥恒之、大久保桂子《世界历史 17：欧洲近世的繁荣》中央公论新社

成濑治、山田欣吾、木村靖二《德意志史 2：1648 年—1890 年》山川出版社

Sebastian Haffner 著、鱼住昌良·川口由纪子译《图说普鲁士历史》东洋书林

Steinberg Jonathan 著、小原淳译《俾斯麦（上）（下）》

白水社

　饭田洋介《俾斯麦：筑造了德意志帝国的政治外交手段》中公新书

　Stanley Weintraub 著、平冈绿译《维多利亚女王（上）（下）》中央公论社

　君塚直隆《维多利亚女王：大英帝国的"战斗女王"》中公新书

　指昭博《图说英国历史（增补新版）》河出书房新社

　植田树《最后的俄罗斯皇帝》筑摩新书

　栗生泽猛夫《图说俄罗斯历史（增补新版）》河出书房新社

　Robert K. Massie 著、佐藤俊二译《尼古拉二世和亚历山德拉皇后：俄罗斯最后一位皇帝一家的悲剧》时事通信社

　H´el`ene Carr`ere D'encausse 著、谷口侑译《被尼古拉二世中断的俄罗斯近代化之路》藤原书店